Balladen ... aber gründlich!

17. Auflage 2026

Inhalt: Hans-Peter Tiemann
Coverbild: © kmiragaya - fotolia.com
Illustrationen: Linda und Sonja Schultz
Grafik & Satz: Eva-Maria Noack / Kohl-Verlag
Druck: Druckerei Flock, Köln

Bestell-Nr. 11 590

ISBN: 978-3-86632-785-6

Kontakt: Kohl-Verlag, An der Brennerei 37-45, 50170 Kerpen
Tel: +49 2275 331610, Mail: info@kohlverlag.de

Inhalt

KOHL VERLAG
Balladen ... aber gründlich! – Bestell-Nr. 11 590

Vorwort

Balladen ...

haben in der Schule ähnlich geringe Anziehungskraft wie Ribbecks Birnen im Obstregal eines modernen Supermarktes: Was früher vielleicht „süß und saftig“ war, ist heute oft ungeliebte Pflichtlektüre. Die klassischen Balladenhelden haben längst ausgedient, taugen kaum noch zur Identifikation, Idealismen sind fragwürdig, Männerfantasien werden medial woanders entfacht und gebunden. Ähnlich steht es um die naturmagischen Balladentexte: Erlkönigs Töchter und Fontanes Hexen können kaum noch konkurrieren gegen den Sound digitaler 3-D-Sirenen in Kinos und im Fantasy-Roman.

Vor diesem Hintergrund präsentiert das vorliegende Material zahlreiche Texte, die mit dem Genre spielen, es ironisieren und mit einem bunten Figurenrepertoire aufwarten. Es geht um Alltagsthemen, die traditionelle Balladenliteratur wird ergänzt um Couplets und balladeske Songs, um Satirisches und groteske Darstellungen. So reicht der literarische Bogen von Goethe bis R. Mey, denn selbstverständlich sind auch Klassiker vertreten, wenn sie wirklich noch etwas zu sagen haben.

Ästhetischer Genuss, analytische Betrachtung und unkonventionell kreative Zugänge stehen im Zentrum der Aufgaben. Vermieden wird eine aufgeblähte Produktionsorientierung, wie sie auf dem didaktischen „Balladenmarkt“ derzeit Konjunktur hat: überall wird gerappt und inszeniert, Lerngruppen generieren aus Textvorlagen Szenenfolgen, Filme, Fotostories oder Musicals. Das erfordert sehr viel Zeit und ist angesichts kerncurricularer Vorgaben – etwa im G-8-Gymnasialbetrieb – kaum noch regelunterrichtlich machbar. Auf der Strecke bleiben zahlreiche „halbfertige“ und halbherzige Projekte, die im Internet auf einschlägigen Seiten besichtigt werden können.

Dagegen lädt dieses Material zu einem entspannten, aber textfokussierten Umgang mit Balladen ein, den „Bens Geschichte“, eine kleine Erzählung rund um einen Siebtklässler, einrahmt. Das mag Türöffner für die Lerngruppe sein, Bens Texte können den Balladen jeweils vorangestellt, aber auch separat behandelt werden. Ganz verzichtet wurde auf die Analyse metrischer Besonderheiten und klanglicher Gestalten.

Zum Schluss noch ein editorischer Hinweis: Sämtliche Balladen ohne Autorenvermerk sind Originalbeiträge des Verfassers dieses Heftes. Viel Vergnügen beim Lesen, Inszenieren und Analysieren ausdrucksstarker Balladen wünschen das Kohl-Verlagsteam und

Hans-Peter Tiemann

Bedeutung der Symbole:

E extra hohes Niveau	
mündliche Bearbeitung	Gespräch
schriftliche Bearbeitung	bildnerische Gestaltung
Lektüre / Textanalyse	szenisches Spiel

1 Balladenberatung

Bens Buch

Hallo Leute,
Mario und Klara haben gerade einen Bücherstapel aus dem Keller geholt und vorn auf dem Pult gestapelt. Herr Kröger verteilt die Dinger und wirft sie uns auf die Tische: „Umschlag kleben, Seiten glätten!"
Ich habe mal wieder das schlimmste Exemplar erwischt: Das Buch klebt mir an den Pfoten und riecht wie Jungenumkleide nach Verlängerung. Zwischen Umschlag und Deckel sehe ich tote Insekten, Haare und Essensreste, aus dem Bücherbauch regnet es Krümel in allen Farben. Ein paar Knitterseiten haben sich schon gelöst, als wären sie auf der Flucht nach draußen …

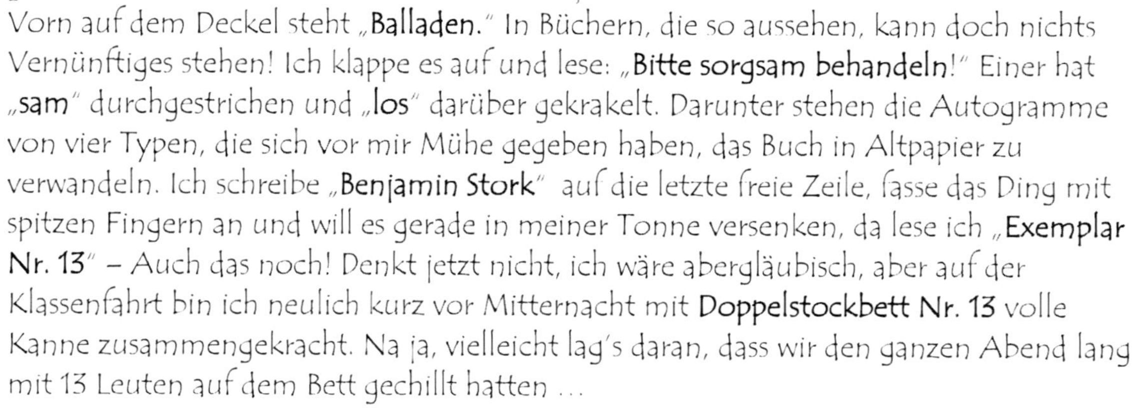

Vorn auf dem Deckel steht „**Balladen.**" In Büchern, die so aussehen, kann doch nichts Vernünftiges stehen! Ich klappe es auf und lese: „**Bitte sorgsam behandeln**!" Einer hat „**sam**" durchgestrichen und „**los**" darüber gekrakelt. Darunter stehen die Autogramme von vier Typen, die sich vor mir Mühe gegeben haben, das Buch in Altpapier zu verwandeln. Ich schreibe „**Benjamin Stork**" auf die letzte freie Zeile, fasse das Ding mit spitzen Fingern an und will es gerade in meiner Tonne versenken, da lese ich „**Exemplar Nr. 13**" – Auch das noch! Denkt jetzt nicht, ich wäre abergläubisch, aber auf der Klassenfahrt bin ich neulich kurz vor Mitternacht mit **Doppelstockbett Nr. 13** volle Kanne zusammengekracht. Na ja, vielleicht lag's daran, dass wir den ganzen Abend lang mit 13 Leuten auf dem Bett gechillt hatten …
Und jetzt kriege ich das mit Abstand übelste Buch der Klasse, während sich Bella Hanke, die niedlichste Hochbegabte der Welt, über ihr sauberes Exemplar beugt, das sie wahrscheinlich schon halb durchgelesen hat, als Herr Kröger plötzlich ruft: „Aufklappen habe ich gesagt, Benjamin, nicht einpacken!" Ich fische das Ding aus der Tonne, lese die erste Seite und denke: Wieso eigentlich **Balladen**? Seit wann beschäftigt man sich im Deutschunterricht mit Musik? Ich verstehe das alles nicht …

Grüße
Ben

1. *Lies Bens Text und erzähle mit eigenen Worten, wovon er schreibt.*

2. *Nimm Stellung zu Bens Meinung „In Büchern, die so aussehen, kann nichts Vernünftiges stehen!" Erzähle von deinen eigenen Erfahrungen im Umgang mit Schulbüchern.*

3. *Stelle dar, welche „**Balladen**" Ben im letzten Teil seines Textes meint, und beschreibe, welche Texte du in einem Buch mit dem Titel „Balladenbuch" erwartest.*

1 Balladenberatung

Rockkonzert

Band jault los und spielt Balladen,
ich krieg Hirn- und Ohrenschaden!
Schmusesound, Gitarrenschmalz,
das gibt Pickel, so 'nen Hals!

Auf der Bühne Schnulzgetriefe,
unten Taschentuchgeschniefe,
höllisch lautes Bassgewummer,
einer singt von Liebeskummer.

Seine Stimme grunzt, wird ölig,
ich krieg Panik, werde nölig,
vorn Gezappel und Gekreisch,
ringsum riecht's nach Schwitzefleisch.

Dazu Feuerzeuggeschwenke,
Mitgegröle, Halsverrenke,
Girlies im Delirium[1],
Boah, was sind Balladen dumm!

Delirium: Trübung des Bewusstseins, die oft von Wahnvorstellungen begleitet wird.

1. *Schlüpfe in Bens Rolle und lies das Gedicht so vor, wie es von ihm klingen würde.*

2. *Nenne Musiktitel von „**Rock- oder Popballaden**." Beschreibe und beurteile Bens Meinung dazu.*

3. *Lies die Information in der **Balladenbox**. Drücke mit eigenen Worten aus, woher der Begriff **„Ballade" in der Musik** kommt und was er im Gegensatz dazu **in der Literatur** bedeutet.*

Balladenbox

Bitte nicht verwechseln!

In der Rock- und Popmusik werden **Songs** (Lieder) als Balladen bezeichnet, wenn sie langsam und sanft klingen. Sie müssen nicht einmal Text haben, denn auch Instrumentalstücke können Balladen genannt werden. Das Wort ist ein Anglizismus, also eine einfache Übernahme aus dem Englischen. Dort heißt es „ballad."

Wenn wir aber **in der Literatur**, also bei Texten, die für Leser geschrieben wurden, von **Balladen** sprechen, meinen wir damit **Gedichte**, die auf ganz bestimmte Weise gestaltet sind. Und das hat sehr wenig mit den Rock- und Popballaden zu tun.

1 Balladenberatung

Bügelballade

„Mama, da fliegt was mit seltsamen Flügeln."
„Na und, lass es fliegen, Kind, ich muss bügeln."
„Jetzt bricht ein Sturm los, ein Brausen und Tosen."
„Hol bitte den Korb mit den Unterhosen!"

„Mama, es dreht sich da oben im Kreis."
„Das verdammte Eisen wird wieder nicht heiß."
„Jetzt gleitet es plötzlich über den Wald."
„Der Kundendienst kommt hoffentlich bald."

„Ich glaub, es stürzt ab, nein, doch nicht, es fliegt."
„Kann sein, dass es nur an der Steckdose liegt."
„Jetzt trudelt's und ist plötzlich durchgesackt."
„Vielleicht hat das Ding einen Wackelkontakt."

„Es schwebt über unser Garagendach."
„Antonia, guck bitte am Stromkabel nach!"
„Mama, es setzt an zur Grundstücksumkreisung."
„Verflixt, diese dumme Gebrauchsanweisung."

„Im Tiefflug ist's über den Rasen gesegelt."
„Was heißt: Wärme wird automatisch geregelt?"
„Jetzt hat es Papas Toyota gestreift."
„Diese Technik ist absolut unausgereift!"

„Es landet auf deinem Blumenbeet."
„Dabei hab ich alles gemacht, was hier steht."
„Ich seh eine Leiter, jetzt bin ich gespannt ..."
„Aua, ich hab mir die Finger verbrannt!"

„Da steigt einer aus mit Antenne am Hut."
„Ein Eiswürfel täte mir ganz bestimmt gut."
„Mama, der Typ ist ganz grün im Gesicht!
„Geh bitte ans Eisfach, hörst du denn nicht!"

„Es klopft an der Tür, ich versteck mich im Schrank!"
„Der Kundendienst, endlich, na Gott sei Dank!"
„Ich Alien, du helfen, mein Raumschiff defekt!"
„Von mir aus, doch erst wird mein Eisen gecheckt!"

1. *Lies den Text und erzähle, worum es im Gedicht geht.*

2. *Sprecht das Gedicht mit verteilten Rollen. Dazu benötigt ihr drei Sprecherinnen oder Sprecher.*

3. *Beschreibt, mit welchen **Requisiten** (das sind Gegenstände, die auf der Theaterbühne benötigt werden) und auf welche Weise man dieses Gedicht auf der Bühne spielen könnte.*

4. *Das Gedicht hat eine **Pointe** (Höhepunkt, Überraschung, Knalleffekt) am Schluss. Erkläre, worin diese besteht.*

5. *Entscheide, wer Recht hat. Begründe deine Meinung:*

Es kommt hier immer wieder zu Missverständnissen zwischen Mutter und Tochter.

Luis

Beide reden ständig aneinander vorbei.

Lisa

1 Balladenberatung

Bügelballade

6. *Entscheide begründend: Die Handlungskurve zeigt in diesem Gedicht ...*

a) *eine Steigerung mit plötzlichem Abfall:*

b) *eine Auf- und Abbewegung:*

c) *eine waagerechte Linie:*

Balladenbox

Die drei Merkmale einer Ballade

Lyrik: Sie hat die Form eines Gedichts, denn sie zeigt Verse, meist auch Reime und (meist auch mehrere) Strophen. Man sagt: Das ist das lyrische Merkmal der Ballade, denn mit Lyrik bezeichnet man Gedichte.

Epik: Sie hat einen **Inhalt wie eine Erzählung**, denn in der Ballade „passiert etwas", es geht um Ereignisse, die geschehen, um Konflikte und um ihre Lösungen. Daher kannst du auch den **Handlungsverlauf** einer Ballade erfassen. Das ist das **epische Merkmal** der Ballade. Epik bezeichnet die Gattung der Romane und Erzählungen.

Dramatik: Sie hat **Auftritte von Figuren** wie ein Theaterstück: Balladen zeigen Dialoge, Streit, große Reden, Helden und ihre Gegenspieler. Das ist das **dramatische Merkmal** einer Ballade. Drama ist die Bezeichnung für bestimmte Bühnenstücke.

7. *Prüfe mit **Lisas Balladencheck**, ob es sich bei der „**Bügelballade**" nach dieser Definition (Begriffserklärung) tatsächlich um eine Ballade handelt. Schreibe deine Begründung auf.*

Lisas Balladencheck:

a) Dies ist ein Gedicht mit Strophen!

b) Darin wird eine Geschichte erzählt.

c) Es treten Figuren mit wörtlicher Rede auf!

KOHL VERLAG Balladen ... aber gründlich! – Bestell-Nr. 11 590

1 Balladenberatung

Herr von Ribbeck auf Ribbeck im Havelland

Hallöchen,
heute hat uns Herr Kröger nach **Gedichten** gefragt, mit denen wir uns damals in der Grundschule bereits ausgiebig beschäftigt haben. Das Gedicht, mit dem ich mich damals ein Jahr lang vergeblich beschäftigt habe, trug den Namen **Emily Lüders**, hatte einen Pferdeschwanz, war überirdisch süß und wollte mich leider zum Mond schießen.
Herr Kröger meinte natürlich **gedruckte Gedichte**, genauer gesagt: **Balladen**. In unserer Arbeitsgruppe ergab sich daraufhin dieses Gespräch:

Olli: Also, wir hatten in Klasse 4 mal so 'ne **Birnenballade** …
Murat: Etwa mit Glühbirnen?
Leo: Die kenne ich auch! – Die Ballade handelt von sprechenden Birnen!
Kira: Unsinn, es kam ein Typ darin vor, der andauernd kleine Mädchen und Jungen auf der Straße angequatscht hat …
Sophie: Genau, der Alte war irgendwie Obsthändler, jedenfalls ziemlich nett, aber sein Sohn war ein mieser Schuft.
Leo: Der Vater ist gestorben und später ist ihm irgendwas aus dem Sarg gewachsen …
Ludmilla: War wohl 'ne Gruselballade, oder?
Olli: Wir mussten die Ballade auswendig lernen. Wartet mal, vielleicht krieg' ich's noch auf die Reihe…
Leo: Lass, ich hab' sie gefunden, sie steht hier im **Balladenbuch** …

Tschüssi
Ben

1. *Sicher kennst du die Ballade, um die es hier geht. Schreibe einen Brief an die 7a, teile der Gruppe deine Meinung zu ihren Aussagen mit und stelle dar, wovon die gesuchte Ballade handelt.*

2. *Du findest hier Titel weiterer Balladen, die in vielen Grundschulen behandelt werden. Kreuze an, welche davon du bereits kennst. Erzähle, worum es darin geht, und nenne vielleicht weitere Titel:*

J.W.v.Goethe: **Der Zauberlehrling**

August Kopisch: **Die Heinzelmännchen zu Köln**

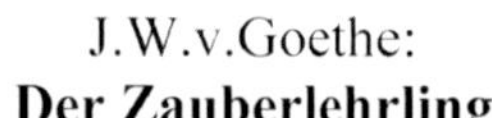

Peter Hacks: **Ballade vom schweren Leben des Ritters Kauz von Rabensee**

J.W.v.Goethe: **Erlkönig**

1 Balladenberatung

Herr von Ribbeck auf Ribbeck im Havelland

Herr von Ribbeck auf Ribbeck im Havelland
Theodor Fontane (1889)

Herr von Ribbeck auf Ribbeck im Havelland[1],
Ein Birnbaum in seinem Garten stand,
Und kam die goldene Herbsteszeit
Und die Birnen leuchteten weit und breit,
Da stopfte, wenn's Mittag vom Turme scholl,
Der von Ribbeck sich beide Taschen voll,
Und kam in Pantinen[2] ein Junge daher,
So rief er: »Junge, wiste 'ne Beer[2]?«
Und kam ein Mädel, so rief er: »Lütt Dirn,
Kumm man röwer, ick hebb 'ne Birn.[3]«

So ging es viel Jahre, bis lobesam[5]
Der von Ribbeck auf Ribbeck zu sterben kam.
Er fühlte sein Ende; 's war Herbsteszeit,
Wieder lachten die Birnen weit und breit;
Da sagte von Ribbeck: »Ich scheide nun ab.
Legt mir eine Birne mit ins Grab.«
Und drei Tage drauf, aus dem Doppeldachhaus,
Trugen von Ribbeck sie hinaus,
Alle Bauern und Büdner[6] mit Feiergesicht
Sangen »Jesus meine Zuversicht«,
Und die Kinder klagten, das Herze schwer:
»He is dod nu. Wer giwt uns nu 'ne Beer[7]?«

So klagten die Kinder. Das war nicht recht –
Ach, sie kannten den alten Ribbeck schlecht;
Der neue freilich, der knausert und spart,
Hält Park und Birnbaum strenge verwahrt[8].
Aber der alte, vorahnend schon
Und voll Misstraun gegen den eigenen Sohn,
Der wusste genau, was damals er tat,
Als um eine Birn' ins Grab er bat,
Und im dritten Jahr aus dem stillen Haus
Ein Birnbaumsprössling sprosst heraus.

Und die Jahre gingen wohl auf und ab,
Längst wölbt sich ein Birnbaum über dem Grab,
Und in der goldenen Herbsteszeit
Leuchtet's wieder weit und breit.
Und kommt ein Jung' übern Kirchhof her,
So flüstert's im Baume: »Wiste 'ne Beer?«
Und kommt ein Mädel, so flüstert's: »Lütt Dirn,
Kumm man röwer, ick gew' di 'ne Birn.«

So spendet Segen noch immer die Hand
Des von Ribbeck auf Ribbeck im Havelland.

Worterklärungen
1: „Ribbeck" ist der Name des Gutshauses und zugleich des Dorfes, in dem die Familie gelebt hat. Das Havelland liegt in der Nähe von Berlin; 2: Pantoffeln; 3: „Junge, willst du eine Birne?"; 4: „Kleines Mädchen, komm herüber, ich habe eine Birne"; 5: voller Verdienste; 6: Besitzer eines eigenen Hauses mit kleinem Grundstück; 7: „Er ist jetzt tot. Wer gibt uns jetzt eine Birne?"; 8: gesichert

Tatsächlich lebte Hans Georg von Ribbeck in der Zeit von 1689 bis 1759. Von ihm berichtet die Sage, dass er sich so verhielt, wie es Theodor Fontane einhundert Jahre später in seiner Ballade erzählt. Aus dem Familiengrab der Ribbecks wuchs tatsächlich ein Birnbaum. Sein Stumpf wird heute in der Dorfkirche von Ribbeck aufbewahrt.

3. *Sprecht das Gedicht mit verteilten Rollen. Dazu benötigt ihr diese Sprecherinnen oder Sprecher: Erzähler; Herr von Ribbeck; Kinder; Flüsternder Baum.*

4. *Du findest hier **fünf Überschriften**. Ordne sie den Strophen und den letzten beiden Versen zu, indem du hier die Zahlen 1 – 5 notierst:*

◯ Ein Nachwort	◯ Geiz und Hoffnung	◯ Ein sprechender Baum
◯ Tod und Trauer	◯ Gute alte Zeiten	

1 Balladenberatung

Herr von Ribbeck auf Ribbeck im Havelland

5. *Theodor Fontanes Ballade gehört zu den bekanntesten und beliebtesten deutschen Gedichten. Vielleicht hatte er ein „**Erfolgsrezept**." Unterstreiche hier die **sieben Zutaten**, die zu dieser Ballade gehören:*

Zutaten:

a) eine Handvoll Kinderlachen
b) eine kleine Prise Unheimliches
c) eine Tüte Angst
d) eine große Portion Gutherzigkeit
e) eine rohe Prügelei
f) gut verpackte Schadenfreude
g) etwas „Happy End"
h) ein Sack Streit
i) Lebensfreude, vermischt mit Liebe zur Natur
j) eine kleine Portion Überraschung
k) tiefschwarze Trauer

6. *Beschreibe, an welchen Stellen man diese Zutaten in der Ballade beim Lesen „**schmecken**" kann.*

E **7.** *Mache daraus ein **Rezept für die Zubereitung einer erfolgreichen Ballade**, indem du etwa so beginnst und jede der vier Strophen betrachtest:*

> **Man nehme** für die erste Strophe eine große Portion Lebensfreude, vermische sie mit Gutherzigkeit und lasse einen freundlichen Herrn auftreten, der Birnen aus seinem Garten an Kinder verschenkt. Dann bereitet man die zweite Strophe zu und nehme …

Kleine Zeitreise

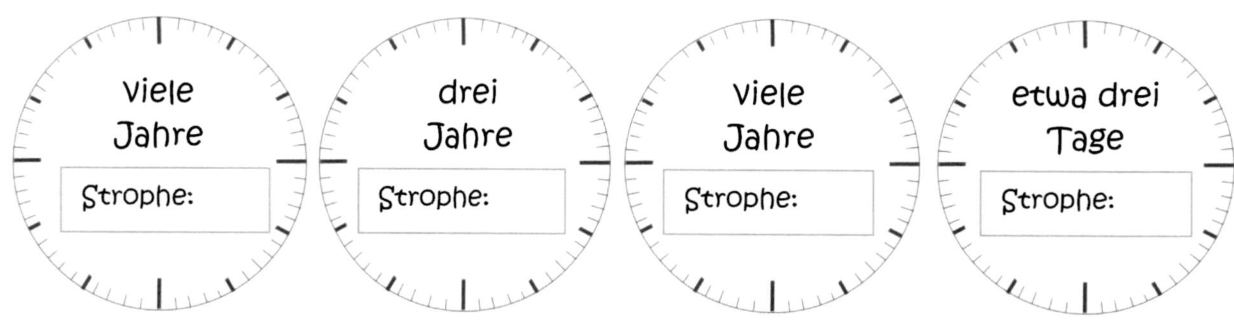

8. *In jeder Strophe wird von einem Zeitraum erzählt, in dem sich die Handlung abspielt. Trage in den vier Uhren ein, welche Strophen (1–4) der Ballade gemeint sind.*

Balladen … aber gründlich! – Bestell-Nr. 11 590
KOHL VERLAG

1 Balladenberatung

Herr von Ribbeck auf Ribbeck im Havelland

Kurzfassung

Baum im Garten, **1** ______________ dran,
die pflückt Ribbeck, **2** ______________ Mann!
Damit macht er Kids, ich denke,
3 ______________ Obstgeschenke.

Dann stirbt Ribbeck, Dorf in **4** ______________,
Schluss mit Birnen, Kiddies sauer.
Sohn ist **5** ______________, gibt nix ab,
da sprießt **6** ______________ aus dem Grab.

Auf dem **7** ______________ füll'n die Blagen
sich mit frischem **8** ______________ den Magen.

Achtung, kleine Birnenbaustelle!

9. *Lies die „**Kurzfassung**" und fülle die Lücken mit den passenden Wörtern. Wähle dazu jeweils das richtige Wort aus den drei Vorschlägen und trage es ein.*

***Wichtiger Tipp:** Prüfe, ob das Wort passt, indem du die Silben im Vers zählst. Jeder Vers sollte insgesamt **sieben oder acht Silben** enthalten, damit das Gedicht beim Lesen gut klingt.*

	Vorschläge
1	a) Obst, b) Äpfel, c) Birnen
2	a) freundlicher, b) guter, c) älterer
3	a)selten, b) regelmäßig, c) oft
4	a) Angst, b) Panik, c) Trauer
5	a) großzügig, b) reich, c) geizig
6	a) Unkraut, b) Birnbaum, c) Löwenzahn
7	a) Grab, b) Friedhof, c) Marktplatz
8	a) Birnen, b) Obst, c) Weintrauben

10. *Diese „**Kurzfassung**" enthält einige **Ereignisse aus dem Gedicht Fontanes**. Etwas Wichtiges fehlt allerdings bei der Darstellung der Handlung. Finde das heraus und erkläre, warum gerade dieses Ereignis für das Verständnis des Gedichtes so wichtig ist.*

Balladenbox

Übrigens: Unheimliches, Zauber, Gespenster und Magie findest du häufig **als Motiv** (als Thema) in Balladen. Sie haben dann etwas Magisches. Oft haben die Hauptfiguren dann die Aufgabe, die Gefahren zu überwinden und sich gegen den Zauber und die Magie zu behaupten. Weitere Hinweise dazu findest du in der **Balladenbox** auf der Seite 35 und in den Balladen auf diesen Seiten: 30–35.

KOHL VERLAG Balladen ... aber gründlich! – Bestell-Nr. 11 590

1 Balladenberatung

Herr von Ribbeck auf Ribbeck im Havelland

„Ribbeck – Parodien“

A) Herr von Ribbeck auf Ribbeck im Havelland,
Ein Geldsack in seinem Zimmer stand,
Und kam mal ein Kind ans Gartentor,
Dann kramte er die Dukaten hervor.

B) Herr von Ribbeck auf Ribbeck im Havelland,
Ein Karussel bei ihm im Garten stand,
Und kam mal ein Kind und wollte es sehn,
dann durfte es gleich eine Runde drehn.

C) Herr von Ribbeck auf Ribbeck im Havelland,
ein Kiosk in seinem Garten stand,
Und kam ein Kind, dann rief er: „Meine Lütte,
Kumm man röwer, ick hebb 'ne gemischte Tüte!“

11. *Lies diese Gedichtanfänge, beschreibe sie und stelle dar, wie sie dir gefallen.*

E **12.** *Erläutere schriftlich, warum man die Gedichtanfänge als „**Parodien**“ bezeichnen kann. Eine **Definition** (Erklärung des Begriffes) findest du hier:*

Parodie: Bei diesem Gedicht handelt es sich um eine Parodie. Darunter versteht man in der Literatur ein Werk (hier: ein Gedicht), das ein anderes, allgemein bekanntes Werk (das **Original**“) nachahmt (parodiert) und dabei verändert.
Die Parodie klingt oft komisch, weil der Leser das Original kennt und die Unterschiede zum Original erfasst.

13. *Notiere, wie es bei den Texten A, B und C weitergehen könnte. Du kannst entweder selbst reimen oder den Text in Form einer **Inhaltsangabe** „ungereimt“ aufschreiben.*

E **14.** *Schreibt selbst solche „**Ribbeck-Parodien**.“ Ihr könnt dazu diese Anregungen verwerten:*

... ein Kiosk in seinem Garten stand; ... ein Motorrad in seinem Garten stand; ... ein Porsche in seinem Garten stand; ... eine Softeismaschine in seinem Garten stand; ... eine Vogelscheuche in seinem Garten stand

und kam ein Mädchen mit Handy daher ...; und kam ein Typ mit Tattoo vorbei ...; und düste ein Junge mit Skateboard vorbei ...

Balladen ... aber gründlich! – Bestell-Nr. 11 590
KOHL VERLAG

1 Balladenberatung

Herr von Ribbeck auf Ribbeck im Havelland

*Jule, ich finde, die **Birnen** sind im Fontane-Gedicht **nur ein Symbol** für die Gutmütigkeit des Herrn von Ribbeck. Du kannst sie gegen andere Dinge austauschen.*

*Nein Klara, das Gedicht „**lebt**" **von den Birnen**. Sie drücken Lebensfreude und Naturnähe aus, sie stehen für Frische und Lebendigkeit, für die Kleinigkeiten eben, die das Leben lebenswert machen.*

E **15.** *Sind die Birnen tatsächlich nur austauschbare „**Symbole**" oder verkörpern sie das, was Jule sagt? Entscheide die Frage und begründe deine Meinung mit Hinweisen auf den Text.*

Balladenbox

Ein **Symbol** ist ein **Sinnbild,** ein anschaulicher **„Stellvertreter"** für etwas anderes: Symbole bezeichnen oder „symbolisieren" etwas: Eine Taube ist ein Symbol des Friedens, sie symbolisiert den Frieden. Ein Ring ist ein Symbol für Treue.
Wenn ich die Birnen als Symbol bezeichne, dann stehen sie vielleicht für Geschenke allgemein. Die Birnen können dann durch Geld, Lebensmittel oder andere Dinge ersetzt werden.

So klingt Herr von Ribbeck

Wenn du erleben möchtest, wie sich die Ballade anhört, wenn **ein „echter" Herr von Ribbeck** sie dir vorliest, dann gehe zu dieser Adresse im Internet. Hier findest du weitere Informationen zur Ballade und zur Familie von Ribbeck auf Ribbeck im Havelland: http://www.vonribbeck.de/html/gedicht.html

Du findest auf „**youtube**" unzählige Vertonungen der Ballade, mal als Rap, mal als „Volkslied" oder auch ganz anders ... Eine interessante Version ist diese hier: http://www.youtube.com/watch?v=NF7fDn4xtqE

16. *Wähle aus den oben genannten Angeboten die **Präsentation der Ballade**, die dir am besten gefällt. Begründe deine Entscheidung.*

KOHL VERLAG Balladen ... aber gründlich! – Bestell-Nr. 11 590

2 Wo die Liebe hinfällt ...

Balladen-Party

Hi,
stellt euch vor, Leute, Bella Hanke hat mich heute zum Geburtstag eingeladen. Sie veranstaltet eine Party mit ihrer hochbegabten Mädchenclique und vier „**ausgewählten Jungen**". Keine Ahnung, wie sie ausgerechnet auf Chris, Leo, Katze Hübner und auf mich gekommen ist. Leo meint, sie wollen wissenschaftliche Experimente mit uns durchführen, weil sie bisher kaum näheren Kontakt zu Angehörigen des anderen Geschlechtes hatten, diesbezüglich flachbegabt sind und endlich herausfinden wollen, wie Jungs so ticken.
Pamela Sander hat mir in der großen Pause verraten, dass es eine **Motto-Party mit Crazy-Klamotten** werden soll, für die sie „**lustige Spiele mit Balladen**" vorbereiten. Ich fürchte, sie werden Flaschen drehen, wer verliert muss entweder **Zahnspangen-Rosi** (Roswitha Kaltwasser) küssen oder eine Ballade aufsagen ...

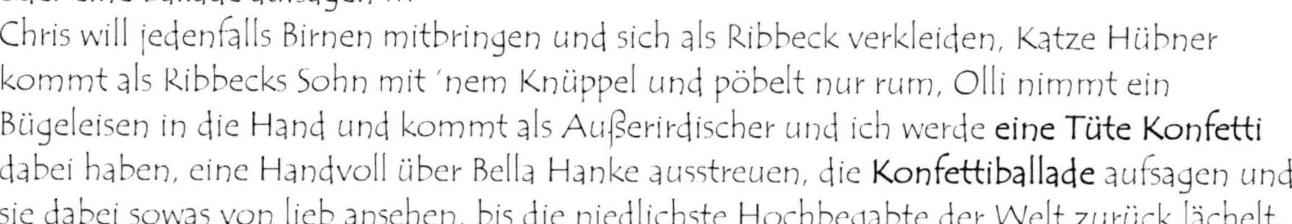

Chris will jedenfalls Birnen mitbringen und sich als Ribbeck verkleiden, Katze Hübner kommt als Ribbecks Sohn mit 'nem Knüppel und pöbelt nur rum, Olli nimmt ein Bügeleisen in die Hand und kommt als Außerirdischer und ich werde **eine Tüte Konfetti** dabei haben, eine Handvoll über Bella Hanke ausstreuen, die **Konfettiballade** aufsagen und sie dabei sowas von lieb ansehen, bis die niedlichste Hochbegabte der Welt zurück lächelt.

Grüße
Ben

1. *Lies die **Konfettiballade** auf der nächsten Seite und erläutere, warum Ben wohl ausgerechnet diesen Text für die Party bei Bella ausgewählt hat.*

Balladenbox

In zahlreichen Balladen geht es um das Thema Liebe. Man sagt: Die Liebe ist ein **zentrales Motiv** der Ballade. Mal wird das Ideal der reinen „Liebe als Verehrung" ohne körperliche Kontakte beschrieben, mal geht es um unerfüllte Liebe, um Sehnsucht, Liebeskummer und „Herzschmerz". Auch ist die Liebe verknüpft mit der Ehre, so haben die Helden der Balladen Gelegenheit, für ihre Geliebte das eigene Leben zu riskieren oder gar in den Tod zu gehen. Die folgenden Balladen zeigen das.

E

2. *Die Ballade kann die **zärtlich-romantische**, die **wild-leidenschaftliche** und die **ereignisreiche Seite der Liebe** zeigen, denn sie ist zugleich **Gedicht, Drama** und **Erzählung** (Hinweise findest du auf Seite 7). Fülle die Lücken:*

Als Gedicht ist die Ballade ______________________, *als* ____________ *ist sie ereignisreich, als* ______________ *ist sie* ______________________.

2 Wo die Liebe hinfällt ...

Konfettiballade

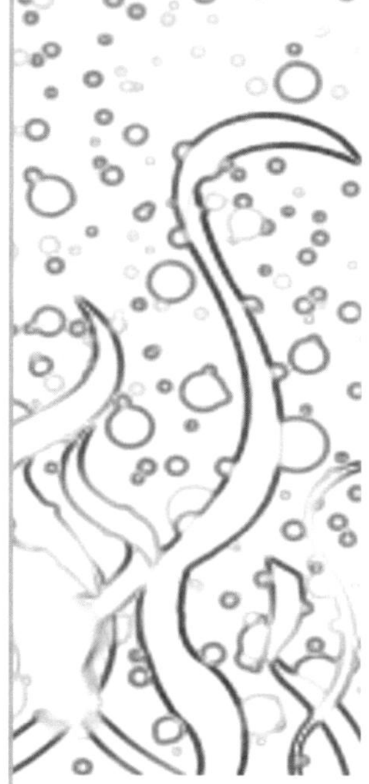

Konfettiboy liebt Konfettimädchen
drüben im kleinen Krimskramslädchen.
Da liegen sie zwischen bunten Hüten
leider in zwei verschlossenen Tüten.

Er flüstert verliebt: „Ach, komm doch zu mir,
du rundes Wunder aus Altpapier!
Dein Körper ist makellos ausgestanzt,
ich wünsche mir so, dass du mit mir tanzt!“

„Der Fremde von drüben sucht deine Bekanntschaft!“,
empört sich die große Konfettiverwandtschaft.
„Er lockt dich mit wilden Tanzversprechen.
Dein Leib wird knittern, die Fasern brechen!“

Mama spricht: „Bei uns bist du wohlbehütet.
Zum Glück ist der Kerl luftdicht eingetütet!“
Die Kleine aber beginnt zu träumen
von mutigen Flügen bis hoch zu den Bäumen.

Dann stehen zwei Kinder vorm hölzernen Tresen,
blicken sich um, fragen und lesen.
Eines zeigt hoch zu dem Schild und sagt leis:
„Bitte zwei Tüten zum Sonderpreis!“

Dann rennen sie aus dem kleinen Laden
und werfen die schönsten Konfettikaskaden,
springen unter den sprühenden Regen,
strecken die Hände den Flocken entgegen.

Und mitten im brausenden, flirrenden Tanze
kommt es zur stillen Konfettiromanze:
Beim unendlich langen und leichten Fallen
begegnet ihm die Schönste von allen.

Konfettiprinzessin schwebt an seine Seite,
berührt ihn ganz sanft, beide fliegen ins Weite.
Verwandtschaft ist platt und jammert nur,
wird schließlich ein Opfer der Müllabfuhr.

1. *Trage die **Konfettiballade** der Klasse vor. Versuche, die Stimmungen, die im Gedicht deutlich werden, in deinem Vortrag auszudrücken.*

2 Wo die Liebe hinfällt ...

Konfettiballade

2. *Erzähle mit eigenen Worten, worum es in der Ballade geht.*

Der „rote Balladenfaden"

Unter einem „**roten Faden**" versteht man eine Spur oder einen Weg. In der Ballade können wir die wichtigen Etappen des Handlungsverlaufes in korrekter Reihenfolge als „**roten Faden**" bezeichnen.

3. *Finde den **roten Faden**, indem du diese Informationen ordnest. Die richtige Reihenfolge ergibt ein **Lösungswort**, das zum Thema der Ballade passt.*

e	Die Mädchen werfen das Konfetti in die Luft.	l	Die Mutter spricht zu ihrer Tochter.
b	Die Liebenden begegnen sich in der Luft.	i	Zwei Mädchen kaufen Konfettitüten.
t	Sie fliegen davon, die Verwandtschaft jammert.	e	Er bittet sie darum, zu ihm zu kommen.
v	Ein Konfettiboy liebt ein Konfettimädchen.	r	Ihre Verwandtschaft mischt sich ein.

Marios Klage

Luise geht in die 7c des Gymnasiums und ich bin hier in der 7a der Gesamtschule luftdicht eingetütet ... Da hat die Liebe wohl keine Chance und man fühlt sich platt wie ein Konfetti ...

4. *Übertrage den Handlungsverlauf der Konfettiballade auf **Marios Situation** und erzähle aus seiner Sicht in der „Ich-Form", wie es mit der Beziehung zu Luise weitergeht. Beachte dabei die Rollen der Mutter, der Verwandtschaft und schließlich der „Kinder."*

Balladen ... aber gründlich! – Bestell-Nr. 11 590
KOHL VERLAG

Konfettiballade

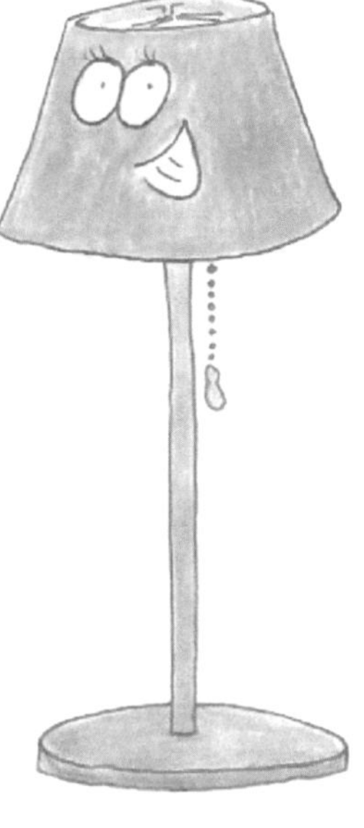

Balladenbox

In dieser Ballade werden Gegenstände wie Menschen dargestellt. Sie werden zu Personen gemacht, die Gefühle zeigen und sich menschlich verhalten. Man sagt, die Dinge werden „**personifiziert**“, es findet eine **Personifikation** statt.
In vielen Gedichten geschieht so etwas: Man hört Pflanzen oder Tiere sprechen, die Nacht wird lebendig und der Wind mischt sich ein ...

5. *Finde heraus, welche Dinge hier welche **menschlichen Eigenschaften** zeigen.*

6. *Schlüpfe in die Rollen von Mutter und Verwandtschaft, denke dir ein paar „**Konfetti-Argumente**“ aus, die gegen die Beziehung von „Konfettiboy zu Konfettimädchen“ sprechen, und trage sie empört vor.*

7. *Prüfe mit Hilfe der **drei Kriterien auf der Seite 7**, ob es sich bei der „**Konfettiballade**“ tatsächlich um eine Ballade handelt.*

8. *In den letzten drei Strophen der „Konfettiballade“ werden die **Stimmungen** der Kinder und der Liebenden vor allem durch **Verben und Adjektive** ausgedrückt. Unterstreiche diese Verben und Adjektive und beschreibe, welche Gefühle hier zum Ausdruck kommen.*

9. *Male oder zeichne die „schönste Stelle“ und damit den Höhepunkt der Ballade. Arbeite **entweder anschaulich**, sodass man Figuren erkennen kann, **oder ganz abstrakt**, sodass nur Farben und Bewegungen deutlich werden.*

Balladen ... aber gründlich! – Bestell-Nr. 11 590
KOHL VERLAG

2 Wo die Liebe hinfällt ...

Junge Liebe

Junge Liebe
Annette von Droste-Hülshoff (1842)

Über dem Brünnlein nicket der Zweig,
Waldvögel zwitschern und flöten,
Wild Anemon' und Schlehdorn bleich
Im Abendstrahle sich röten,
Und ein Mädchen mit blondem Haar
Beugt über der glitzernden Welle,
Schlankes Mädchen, kaum fünfzehn Jahr,
Mit dem Auge der scheuen Gazelle.

Ringelblumen blättert sie ab:
»Liebt er?« – »liebt er mich nimmer?«
Und wenn »liebt« das Orakel gab,
Um ihr Antlitz gleitet ein Schimmer:
»Liebt er nicht« – o Grimm und Graus!
Dass der Himmel den Blüten gnade!
Gras und Blumen, den ganzen Strauß,
Wirft sie zürnend in die Kaskade[1].

Gleitet dann in die Kräuter lind,
Ihr Auge wird ernst und sinnend;
Frommer Eltern heftiges Kind,
Nur Minne[2] nehmend und minnend,
Kannte sie nie ein anderes Band
Als des Blutes[3], die schüchterne Hinde[4];
Und nun Einer, der nicht verwandt –
Ist das nicht eine schwere Sünde?

Mutlos seufzet sie niederwärts,
In argem Schämen und Grämen,
Will zuletzt ihr verstocktes Herz
Recht ernstlich in Frage nehmen.
Abenteuer sinnet sie aus:
Wenn das Haus nun stände in Flammen,
Und um Hülfe riefen heraus
Der Karl und die Mutter zusammen?

Plötzlich ein Perlenregen dicht
Stürzt ihr glänzend aus beiden Augen,
In die Kräuter gedrückt ihr Gesicht,
Wie das Blut der Erde zu saugen,
Ruft sie schluchzend: »Ja, ja, ja!«
Ihre kleinen Hände sich ringen,
»Retten, retten würd' ich ....
....

Worterklärungen
1) ein Wasserfall in Form von Stufen
2) Im Mittelalter bezeichnete dies die verehrende, dienende Liebe eines höfischen Ritters zu einer Frau. Im Gedicht steht Minne für eine verehrende Liebe und Zuneigung zu den Eltern. Das Verb „minnen" heißt „Zuneigung/Liebe zeigen".
3) Sie hat bisher nur kindliche Liebe für ihre Eltern empfunden.
3) Hirschkuh, hier in der Bedeutung eines sehr scheuen Wesens

Im Text fehlen die beiden letzten Verse der Ballade. Eine Aufgabe dazu und Hinweise darauf, wie die Ballade ausgeht, findest du auf den nächsten Seiten.

1. *Lies zunächst nur die ersten vier Strophen dieser Ballade. Stell dir vor, du beobachtest **das Mädchen im Wald**. Du siehst nur, was sie tut, weißt natürlich nicht, was sie denkt und fühlt. Schlüpfe in ihre Rolle und spiele ihr Verhalten in den vier Strophen ohne Worte genau nach.*

2. ***Unterstreiche** im Text der zweiten und dritten Strophe die Stellen, an denen sie nachdenklich und ruhig wirkt, **blau** und die Stellen, an denen sie unruhig wirkt, **rot**.*

2 Wo die Liebe hinfällt ...

3. *Schließe dich einer der beiden Positionen an und begründe deine Meinung mit Hinweisen auf den Text der Ballade.*

Balladenbox

Übrigens,
diese Ballade wurde im Jahr 1842 geschrieben. Man darf annehmen, dass die Verfasserin Annette von Droste-Hülshoff, eine junge Adlige aus Westfalen, darin auch eigene Erfahrungen und Erlebnisse verarbeitet hat, denn im Jahr der Entstehung der Ballade schrieb sie in einem Brief an ihre große Liebe, den befreundeten Levin Schücking: *„Guten Morgen, Levin! Ich habe schon zwei Stunden wachend gelegen und in einem fort an Dich gedacht; ach, ich denke immer an Dich, immer."*
Damals hat man noch anders über Beziehung und Erziehung gedacht, viel strenger waren die Bindungen und die Verpflichtungen eines 15-jährigen Mädchens gegenüber ihren Eltern, hier in einer Familie des Adels.

Biographischer Bezug: Wenn ein Text eine starke Beziehung zum Leben der Autorin oder des Autors hat, wenn sich im Text das Leben der Verfasser spiegelt, dann sagt man: *„Die Ballade ist biographisch."* Oder: *„Die Ballade hat biographische Bezüge."*

Ein Konflikt

4. *Beschreibe mit eigenen Worten den Konflikt, in den das Mädchen in der Ballade gerät. Beurteile, ob so ein Konflikt heutzutage in gleicher oder ähnlicher Weise auftreten kann.*

Offenes Ende …

5. *In dieser Ballade aus dem Jahr 1842 fehlen die beiden letzten Verse. Finde selbst einen Schluss und notiere ihn in zwei bis drei Zeilen. Auf der nächsten Seite kannst du die Lösung nachlesen.*

2 Wo die Liebe hinfällt ...

Junge Liebe

Fee gegen Versuchung

7. *Stell dir vor,* ***Versuchung und Fee*** *reden auf das Mädchen ein. Schreibe das Gespräch zwischen dem Mädchen, der Fee und der Versuchung.*

8. *Spielt die Szene mit drei Darstellern vor.*

9. *Die vierte Strophe der Ballade wirft ein besonderes Licht auf die Eigenschaften des Mädchens. Erläutere das.*

Liebe Annette ...

10. *So endet die Ballade im Original:*

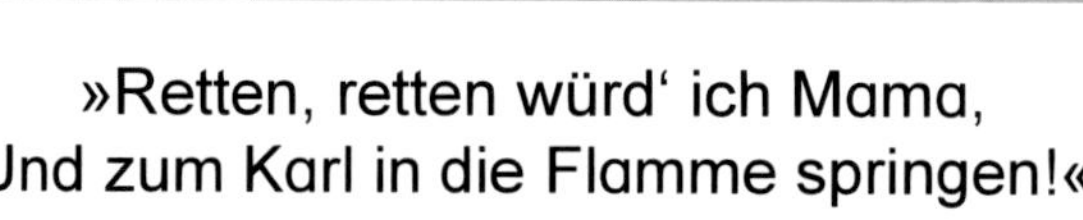

»Retten, retten würd' ich Mama,
Und zum Karl in die Flamme springen!«

Schreibe einen ***Brief an das Mädchen*** *in der Ballade – nenne sie „Annette" – und teile ihr darin deine Meinung zu dieser „Lösung" des Konfliktes mit. Schreibe aus heutiger Sicht.*

E **11.** *Erläutere mit eigenen Worten, was die Verfasserin der Ballade ihren Lesern mit diesem Ausgang des Textes mitteilen möchte. Gibt es vielleicht eine „kritische Absicht"?*

2 Wo die Liebe hinfällt ...

Sommermädchenküssetauschelächelbeichte

Sommermädchenküssetauschelächelbeichte Hanns von Gumppenberg (1901)

An der Murmelrieselplauderplätscherquelle
Saß ich sehnsuchtstränentröpfeltrauerbang:
Trat herzu ein Augenblinzeljunggeselle
In verweg'nem Hüfteschwingeschlendergang,
Zog mit Schäkerehrfurchtsbittergrußverbeugung
Seinen Federbaumelriesenkrämpenhut –
Gleich verpürt' ich Liebeszauberkeimeneigung,
War ihm zitterjubelschauderherzensgut!

Nahm er Platz mit Spitzbubglücketückekichern,
Schlang um mich den Eisenklammermuskelarm:
Vor dem Griff, dem grasegruselsiegessichern,
Wurde mir so zappelseligsiedewarm!
Und er rief: „Mein Zuckerschnuckelputzelkindchen,
Welch ein Schmiegeschwatzeschwelgehochgenuß!"
Gab mir auf mein Schmachteschmollerosenmündchen
Einen Schnurrbartstachelkitzelkosekuß.

Da durchfuhr mich Wonneloderflackerfeuer –
Ach, das war so überwinderwundervoll ...
Küßt' ich selbst das Stachelkitzelungeheuer,
Sommersonnenrauschverwirrungsrasetoll!
Schilt nicht, Hüstelkeifewackeltrampeltante,
Wenn dein Nichtchen jetzt nicht knickeknirscheknìet,
Denn der Plauderplätscherquellenunbekannte
Küßte wirklich wetterbombenexquisit!!!

1. *Dieses Gedicht besteht aus zahlreichen „Wortungetümen". Lest abwechselnd jeweils vier Verse des Textes langsam und deutlich vor.*

2. *Finde nun heraus, was die langen Wörter wohl bedeuten und wie sie gebaut sind. Gehe in diesen Schritten vor:*

a) *Zerlege die Wörter in Einzelteile, indem du Trennstriche einsetzt: Murmel / riesel / plauder / plätscher / Quelle*

b) *Finde das Nomen des langen Wortes, setze es an den Anfang und bilde einen Teilsatz: eine Quelle, die murmelt, rieselt, plaudert und plätschert (oder: eine murmelnde, rieselnde, ... Quelle)*

c) *Wenn du kein Nomen findest, solltest du ein Wort nominalisieren (zum Nomen machen) wie hier: aus „sehnsuchtstränentröpfeltrauerbang" wird „sehnsüchtig, voller Tränen tröpfelnd, traurig und bang".*

2 Wo die Liebe hinfällt ...

Sommermädchenküssetauschelächelbeichte

Balladenbox

Lyrisches Ich und Redesituation

Als **lyrisches Ich** wird die Figur in einem Gedicht (in einer Ballade) bezeichnet, die spricht. Wir sollten unbedingt das lyrische Ich – also den Sprecher – von der Autorin/vom Autor des Textes unterscheiden. Als Autor/Autorin bezeichnen wir die Person, die das Werk geschrieben hat, aber nicht die Person, die im Gedicht spricht und sich an den Leser oder an eine andere Figur wendet.

Um die **Redesituation** in einer Ballade zu klären, fragen wir ganz einfach:
Wer spricht zu wem?

3. *Finde heraus, wer in dieser Ballade das **lyrische Ich** darstellt und zu wem spricht. Begründe deine Antwort mit Hinweisen auf den Text. Achtung: Du wirst den Adressaten oder die Adressatin erst in der letzten Strophe finden!*

Dialog mit der Tante

4. *Befolge die Bitte von Tante Klara und lass das Mädchen noch einmal erzählen. Setze dazu den folgenden Dialog fort.*

Tante Klara: *Warum hast du dich eigentlich allein an der Quelle herumgetrieben?*
Rosemarie: *Ich habe dort nur …*

5. *Spielt einen der so entstandenen Dialoge mit verteilten Rollen vor. Kurz vor Schluss könnte der junge Mann noch auftreten und zur Klärung der Situation beitragen.*

6. *Sind die Wortungeheuer nur Spielerei oder tragen sie dazu bei, die Gefühle und die Stimmung der Personen in der Ballade anschaulich zu machen? Formuliere deine Meinung dazu.*

2 Wo die Liebe hinfällt ...

Der Handschuh

Der Handschuh
Friedrich Schiller (1797)

Vor seinem Löwengarten[1]
Das Kampfspiel zu erwarten,
Saß König Franz[2],
Und um ihn die Großen der Krone,
Und rings auf hohem Balkone
Die Damen in schönem Kranz.

Und wie er winkt mit dem Finger,
Auf tut sich der weite Zwinger,
Und hinein mit bedächtigem Schritt
Ein Löwe tritt,
Und sieht sich stumm
Rings um,
Mit langem Gähnen,
Und schüttelt die Mähnen,
Und streckt die Glieder,
Und legt sich nieder.

Und der König winkt wieder,
Da öffnet sich behend
Ein zweites Tor,
Daraus rennt
Mit wildem Sprunge
Ein Tiger hervor,
Wie der den Löwen erschaut,
Brüllt er laut,
Schlägt mit dem Schweif
Einen furchtbaren Reif,
Und recket die Zunge,
Und im Kreise scheu
Umgeht er den Leu
Grimmig schnurrend,
Drauf streckt er sich murrend
Zur Seite nieder

Und der König winkt wieder,
Da speit das doppelt geöffnete Haus
Zwei Leoparden auf einmal aus,
Die stürzen mit mutiger Kampfbegier
Auf das Tigertier,
Das packt sie mit seinen grimmigen Tatzen,
Und der Leu[3] mit Gebrüll
Richtet sich auf, da wird's still,
Und herum im Kreis,
Von Mordsucht heiß,
Lagern die greulichen Katzen.

Da fällt von des Altans[4] Rand
Ein Handschuh von schöner Hand
Zwischen den Tiger und den Leun
Mitten hinein.

Und zu Ritter Delorges spottenderweis
Wendet sich Fräulein Kunigund:
"Herr Ritter, ist Eure Lieb so heiß,
Wie Ihr mirs schwört zu jeder Stund,
Ei, so hebt mir den Handschuh auf."

Worterklärungen
1) Arena, in der Tierkämpfe stattfinden.
2) Die Geschichte soll sich am Hofe des französischen Königs Franz I. zugetragen haben, der von 1515 bis 1547 regierte.
3) altertümliche Bezeichnung für einen Löwen
4) Balkon

2 Wo die Liebe hinfällt ...

Der Handschuh

Live-Reportage aus dem Löwengarten

1. *Wer nur die ersten vier Strophen dieser Ballade liest, könnte denken, es handle sich um eine reine „Tiergeschichte". Auch darin steckt* ***Dramatik****. Stell dir vor, du bist Reporterin oder Reporter für* ***Radio-Mittelalter****. Berichte von den Ereignissen der ersten vier Strophen in Form einer* ***Live-Reportage****. So kannst du beginnen:*

Liebe Zuhörerinnen und Zuhörer an den Rundfunkgeräten, wir befinden uns hier ..., soeben hat ...

2. *Man könnte den Verfasser F. Schiller für einen hervorragenden Biologen halten, denn es gelingt ihm in der Ballade, das Verhältnis der Tiere untereinander, ihre Rangordnung, ihre Temperamente und Verhaltensweisen präzise und anschaulich darzustellen. Notiere in einer Tabelle:*

Tier	Verhalten	Stellung in der Rangordnung	Wichtige Texthinweise (Strophe/Zeile)
Löwe			
Tiger			
Leoparden			

Bremsen und Beschleunigen

3. *Du kannst beim Lesen sehr gut darstellen, wie sich die Tiere in der Ballade verhalten, indem du deine* ***Lesegeschwindigkeit*** *an bestimmten Stellen verlangsamst oder auch, wenn es nötig wird, indem du „Gas gibst" und beschleunigst. Markiere die langsamen Stellen im Text der ersten vier Strophen und versuche einen Vortrag auf diese Weise.*

Der Handschuh

Rund um Strophe 5

4. *Wie wird Ritter Delorges wohl reagieren, wenn ihn Fräulein Kunigund darum bittet, ihren Handschuh aus der Arena zu holen?*
Macht ihm in knappen Briefen ein paar ernst gemeinte Vorschläge.

5. *Der Text der Ballade enthält bereits einige knappe, aber deutliche Hinweise auf das Verhältnis zwischen Kunigunde und Delorges. Daraus – und aus ihrem Verhalten – geht hervor, wie sie zu ihm steht. Finde das heraus und erläutere es.*

„Ritterliche" Ausreden

6. *Füllt die Sprechblasen mit weiteren* ***Ausreden****, wie sie Ritter Delorges gebrauchen könnte, als Kunigunde von ihm verlangt, den Handschuh zu holen.*

7. *Hier findest du weitere wichtige Informationen zu dieser Ballade:*
http://de.wikipedia.org/wiki/Der_Handschuh
http://literatur-community.de/forum/gedichte/1020-friedrich-von-schiller-der-handschuh/
Bereite sie in einer kleinen Präsentation auf:

Balladen ... aber gründlich! – Bestell-Nr. 11 590

2 Wo die Liebe hinfällt ...

Der Handschuh

So endet die Ballade

Und der Ritter im schnellem Lauf
Steigt hinab in den furchtbarn Zwinger
Mit festem Schritte,
Und aus der Ungeheuer Mitte
Nimmt er den Handschuh mit keckem Finger.

Und mit Erstaunen und mit Grauen
Sehens die Ritter und Edelfrauen,
Und gelassen bringt er den Handschuh zurück,
Da schallt ihm sein Lob aus jedem Munde,
Aber mit zärtlichem Liebesblick –
Er verheißt ihm sein nahes Glück –
Empfängt ihn Fräulein Kunigunde.
Und er wirft ihr den Handschuh ins Gesicht:
„Den Dank, Dame, begehr ich nicht",
Und verlässt sie zur selben Stunde.

8. *Beschreibe und beurteile das Verhalten von Ritter Delorges.*

9. *Kreuze jeweils **die Aussage** an, die du für sinnvoll hältst. Du kannst auch mehr als eine Aussage zu einem Satz ankreuzen:*

1) Ritter Delorges holt den Handschuh, weil er:

a) sich in seinem Stolz verletzt fühlt. ◯

b) Kunigunde nicht enttäuschen möchte. ◯

c) sich vor den anderen Gästen nicht blamieren will. ◯

2) Kunigunde möchte Delorges …

a) in eine für ihn peinliche Situation bringen. ◯

b) eine echte Liebesprobe bestehen lassen ◯

c) einfach nur provozieren. ◯

3) Solche „Liebesbeweise" …

a) verletzen die Würde eines Menschen. ◯

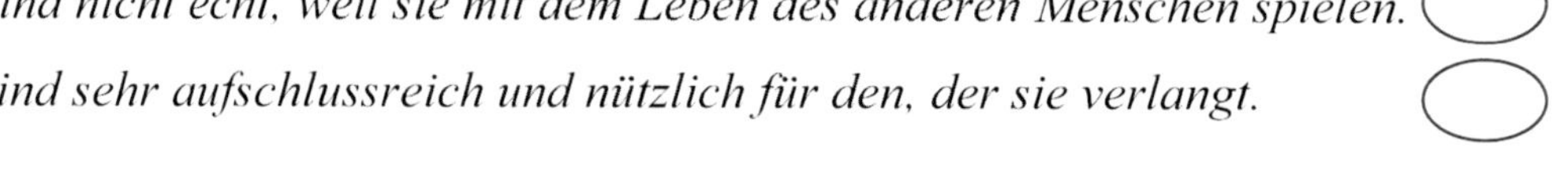

b) sind nicht echt, weil sie mit dem Leben des anderen Menschen spielen. ◯

c) sind sehr aufschlussreich und nützlich für den, der sie verlangt. ◯

10. *Wie wär's mit einer **„Liebesprobe" aus der Gegenwart** nach dem Muster der Handschuh-Ballade? Schreibe auf, wie so etwas heutzutage verlaufen könnte. Es sollten weder Raubtiere noch Handschuhe darin vorkommen.*

2 Wo die Liebe hinfällt ...

Hartnäckige Liebe

Hartnäckige Liebe
Otto Ernst (um 1900)

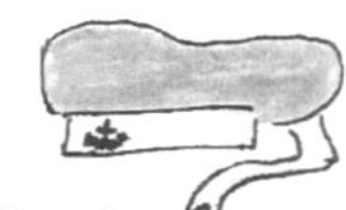

1. Jan Reimers hatte vor gar nichts Furcht.
Er rettete damals die beiden Dänen,
Ihr wisst wohl – es wollte keiner dran
Er riß sie dem blanken Hans[1] aus den Zähnen.

2. Nun war da die Antje Nissen – ei ja,
Die mochte dem starken Jan wohl taugen!
Schmuck war sie, alles was recht ist – man bloß:
Ihr guckte der Deubel[2] aus beiden Augen.

3. Aber Jan, wie gesagt, war bange vor nichts.
Und so freit' er um Antje. Sie ziert' sich nicht lange
Und sagte Ja und ward seine Braut.
Aber als sie's war, da ward ihm doch bange.

4. Schon vor der Hochzeit alle Tag Krieg!
Verdammt, denkt Jan, nur noch drei Wochen,
Dann ist die Hochzeit. Sie lässt mich nicht los.
Aber sie ist ein Stachelrochen[3].

5. Da – denkt euch – da kommt ihm Hilf' in der Not!
Bei Südsüdost wird Jan Reimers verschlagen –
Er rennt auf die Klippen[4] – das Schiff zerkracht –
Eine Planke hat ihn nach England getragen.

6. Sein erster Gedanke war: »Jung, wat' n Glück,
Nu bin ick verschollen! Das 's Gottes Wille!«
Er stopft sich die Pfeife mit nassem Shag[5]
Und steckt sie in Brand bedachtsam und stille.

7. Sein Ewer[6] freilich war Grus und Mus.
»Na ja«, denkt Jan, »wat is dor Slimm's bi!
Ick hev hier Fisch un hev hier Tobak.«
Und er lebte drei Jahre vergnügt in Grimsby[7].

8. Aber die Welt ist ein Rattenloch.
Ein Landsmann muss ihn gesehen haben. –
Jan bummelt am Hafen, die Fäust' in der Tasch',
Sich recht an Freiheit und Sonne zu laben. –

9. Da hört er plötzlich – ihm schießt' s in die Knie –
Seinen Namen rufen von weiblicher Stimme:
»Jan Reimers! Jan Reimers!« Ihm war's, als rief'
Des jüngsten Tages Posaun' ihn mit Grimme!

10. Aber Jan hat Courage: er stellt sich taub!
Da ruft Antje Nissen: »Du solltest dich schämen!
Nun tu' doch nicht so, als wenn du nicht hörst,
Du Feigling, du!«
Da musst' er sie nehmen.

Worterklärungen
1) Blanker Hans ist eine Bezeichnung für die tobende Nordsee bei Sturmfluten.
2) Teufel
3) ein mit Giftstacheln bewehrter Fisch
4) treibt auf die Klippen
5) Pfeifentabak
6) ein kleinerer, aus Friesland stammender Segelschiffstyp
7) englische Hafenstadt

Die Ballade entstand um 1900, zu einer Zeit, als Segelschiffe auf den Weltmeeren unterwegs waren. Die Hauptfigur Jan Reimers ist ein Seemann.

1. *Arbeitet in Dreiergruppen: Lest die Ballade und erzählt anschließend die Geschichte von Antje und Jan mit eigenen Worten. Teilt euch den Inhalt in drei Teile auf: Strophen 1–4; Strophen 5–7; Strophen 8–10.*

Hartnäckige Liebe

2. *Gib den drei Teilen der Ballade jeweils eine **Überschrift**, die auf ihren Inhalt hinweist:*

Strophen 1–4: ________________________________

Strophen 5–7: ________________________________

Strophen 8–10: ________________________________

3. *Charakterisiert die beiden Hauptfiguren Jan und Antje, indem ihr die Informationen dem Text entnehmt. Fertigt zwei kleine „**Steckbriefe**“ an.*

Bühne frei für die „Begegnung im Hafen“

4. *Schlüpft in die Rollen von Jan und Antje und spielt die Begegnung zwischen ihnen so, wie sie in der vorletzten und letzten Strophe dargestellt wird. Lasst es dabei so richtig „krachen“, indem zwei sehr temperamentvolle Figuren auftreten.*

„Die Reimers“ – eine Daily Soap

5. *Stell dir vor, das Familienleben der Reimers würde als Seifenoper im Fernsehen präsentiert. Erzähle in einem kleinen Text davon, was in der 7. Folge zu sehen ist: Sie spielt ein halbes Jahr nach der Hochzeit in ihrem kleinen Haus am Meer. Gehe dabei auf die Ereignisse, auf die Stimmung im Haus und auf die Beziehung der beiden zueinander ein.*

Balladenbox

Die Sprache einer Ballade kann sanft und poetisch sein, ein Verfasser kann sich gewählt ausdrücken, er kann aber auch Umgangssprache oder Dialekt wählen und derbe Wörter finden. Mit der Sprache kann man laut poltern oder auch ganz leise flüstern. Die Ballade bietet viele Möglichkeiten, die Sprache zur Charakterisierung von Figuren oder zur Schilderung von Natur und Umgebung stimmungsvoll einzusetzen.

6. *Beschreibe die **Besonderheiten der Sprache** in dieser Ballade. Gehe dabei auf die Wortwahl ein und prüfe, ob sie zu den Figuren und zur Aussage der Ballade passt.*

2 Wo die Liebe hinfällt ...

Hartnäckige Liebe

Hi,
es ist etwas Schlimmes passiert: Stellt euch vor, die niedlichste Hochbegabte der Welt will mich nie wieder sehen. – Und alles nur, weil ich diesen dummen Papierflieger aus der Ballade „Hartnäckige Liebe" gebastelt habe.
Das Blatt hatte sich von selbst aus meinem Balladenbuch gelöst. Ich faltete es, kringelte das Wort „**Stachelrochen**" ein, schrieb „**Liebe Grüße von Ben**" darunter und wollte den Flieger zu Roswitha Kaltwasser schicken. Ausgerechnet in dem Moment hat Katze das Fenster aufgerissen, der Flieger änderte seinen Kurs und crashte gegen die Stirn von Bella. Sie hat ihn entfaltet, gelesen und in den Papierkorb befördert. Den Rest könnt ihr euch denken ...

Soeben habe ich eine neue Ballade im Buch ausgegraben. Ich werde sie ihr zusammen mit meinem Selfie aufs Handy schicken. Wie findet ihr das:

Es waren zwei Königskinder,
die hatten einander so lieb,
sie konnten beisammen nicht kommen,
das Wasser war viel zu tief.

„Ach Liebster, könntest du schwimmen,
so schwimm doch herüber zu mir!
Drei Kerzen will ich anzünden,
und die soll'n leuchten zu dir."

Wenn ich jetzt noch wüsste, wo ich drei Kerzen herkriege. Kann mir vielleicht einer von euch helfen?

Grüße
Ben

7. *Bei Bens Ballade handelt es sich um das Volkslied „**Es waren zwei Königskinder**."*

Du findest den Text hier im Internet:
http://de.wikipedia.org/wiki/Es_waren_zwei_K%C3%B6nigskinder

Lies ihn und beurteile, ob er zu Bens Situation passt.

3 Schauriges und Schummriges

Die Brück´ am Tay

Die Brück' am Tay
Theodor Fontane (1880)

(28. Dezember 1879) [1)]

When shall we three meet again? [2)]
Macbeth

»Wann treffen wir drei wieder zusamm?«
»Um die siebente Stund', am Brückendamm.«
»Am Mittelpfeiler.«
»Ich lösche die Flamm.«
»Ich mit.«

»Ich komme vom Norden her.«
»Und ich vom Süden.«
»Und ich vom Meer.«

Die Brücke kurz nach ihrer Vollendung (1877).

»Hei, das gibt einen Ringelreihn,
Und die Brücke muss in den Grund hinein.«

»Und der Zug, der in die Brücke tritt
Um die siebente Stund'?«
»Ei, der muss mit.«
»Muss mit.«

»Tand, Tand [3)]
Ist das Gebilde von Menschenhand.«

Auf der Norderseite, das Brückenhaus[4] –
Alle Fenster sehen nach Süden aus,
Und die Brücknersleut' ohne Rast und Ruh
Und in Bangen sehen nach Süden zu,
Sehen und warten, ob nicht ein Licht
Übers Wasser hin »Ich komme« spricht,
»Ich komme, trotz Nacht und Sturmesflug,
Ich, der Edinburger Zug.«

Und der Brückner jetzt: »Ich seh' einen Schein
Am anderen Ufer. Das muss er sein.
Nun Mutter, weg mit dem bangen Traum,
Unser Johnie kommt und will seinen Baum,
Und was noch am Baume von Lichtern ist,
Zünd' alles an wie zum heiligen Christ,
Der will heuer zweimal mit uns sein, –
Und in elf Minuten ist er herein.«

Und es war der Zug. Am Süderturm
Keucht er vorbei jetzt gegen den Sturm,
Und Johnie spricht: »Die Brücke noch!
Aber was tut es, wir zwingen es doch.
Ein fester Kessel, ein doppelter Dampf,
Die bleiben Sieger in solchem Kampf,
Und wie's auch rast und ringt und rennt,
Wir kriegen es unter, das Element.«

»Und unser Stolz ist unsre Brück';
Ich lache, denk ich an früher zurück,
An all den Jammer und all die Not
Mit dem elend alten Schifferboot;
Wie manche liebe Christfestnacht
Hab' ich im Fährhaus zugebracht,
Und sah unsrer Fenster lichten Schein
Und zählte und konnte nicht drüben sein.«

Auf der Norderseite, das Brückenhaus –
Alle Fenster sehen nach Süden aus,
Und die Brücknersleut' ohne Rast und Ruh
Und in Bangen sehen nach Süden zu;
Denn wütender wurde der Winde Spiel,
Und jetzt, als ob Feuer vom Himmel fiel',
Erglüht es in niederschießender Pracht
Überm Wasser unten ... Und wieder ist Nacht.

»Wann treffen wir drei wieder zusamm?«
»Um Mitternacht, am Bergeskamm.«
»Auf dem hohen Moor, am Erlenstamm.«
»Ich komme.«
»Ich mit.«
»Ich nenn' euch die Zahl.«
»Und ich die Namen.«
»Und ich die Qual.«
»Hei!
Wie Splitter brach das Gebälk entzwei.«
»Tand, Tand
Ist das Gebilde von Menschenhand.«

KOHL VERLAG Balladen ... aber gründlich! – Bestell-Nr. 11 590

3 Schauriges und Schummriges

Die Brück´ am Tay

Erläuterungen:

[1] Die Ballade aus dem Jahr 1880 handelt von einer wahren Begebenheit: Am 28. Dezember 1879 stürzte die gewaltige Brücke über den Fluss Tay bei Dundee (Schottland) während eines heftigen Sturmes ein und riss einen Personenzug, der sich mitten auf der Brücke befand, mit in die Tiefe.

[2] Die Worte sind angelehnt an das Treffen von drei verschwörerischen Hexen, von dem W. Shakespeare in seinem Drama „Macbeth" schreibt.

[3] wertloses Zeug

[4] Früher musste Brückenzoll gezahlt werden, um eine Brücke überqueren zu dürfen. Das Zollhaus einer Brücke wurde auch Brückenhaus genannt.

1. *Zeichne zur besseren Orientierung und zum Verständnis des Textes eine Skizze der Brücke mit dem Fluss, dem Brückenhaus, dem Zug und den genannten Himmelsrichtungen.*

Katastrophenfilm

1. Szene (1. Strophe)	**2. Szene (2. Strophe)**	**3. Szene (3. Strophe)**
Handlungsort: ***Im Brückenhaus***	Handlungsort:	Handlungsort:
Das ist zu sehen: ***i; f, …***	Das ist zu sehen:	Das ist zu sehen:

4. Szene (4. Strophe)	**5. Szene (5. Strophe)**
Handlungsort:	Handlungsort:
Das ist zu sehen:	Das ist zu sehen:

2. *Der Verfasser Theodor Fontane hat seine* ***Ballade „filmisch" gestaltet****, indem er den Lesern in fünf Strophen die Bilder einer Katastrophe aus verschiedenen Perspektiven zeigt. Trage zunächst zu jeder Szene/Strophe den Handlungsort ein. Außerdem findest du hier eine* ***„Bilderliste"*** *mit Hinweisen darauf, was jeweils zu sehen ist. Ordne sie den einzelnen Filmszenen und Strophen zu, indem du die Zahlen in den Feldern notierst. In einer Szene können auch mehrere Bilder erscheinen:*

Die Kamera-Perspektiven (Filmbilder)

a) Im Zug: Blick auf Johnie; **b)** Rückblende, Johnie im Fährhaus; **c)** Das Unwetter, die einstürzende Brücke; **d)** Blick von Brücknerhaus auf die Brücke, Lichter in der Ferne; **e)** Die Brücknersleute, eng nebeneinander zum Fenster blickend; **f)** Dialog zwischen Brückner und seiner Frau im Schuss/Gegenschuss-Verfahren (mal ist er im Bild, dann sie, das Bild springt hin und her); **g)** Blick aus dem Zugfenster nach draußen; **h)** Blick aus dem Zug auf den Süderturm und die Brücke; **i)** Fenster des Brücknerhauses von draußen

Balladen … aber gründlich! – Bestell-Nr. 11 590

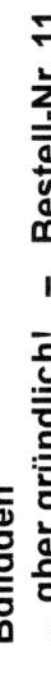

3 Schauriges und Schummriges

Die Brück´ am Tay

Balladenbox

Dramatisieren:
Um wichtige Ereignisse wie hier die Zugkatastrophe in den wenigen, knappen Strophen einer Ballade spannend darstellen zu können, sollte man sie dramatisieren, das heißt zuspitzen, aufregend und heftig gestalten, sodass sie wie ein kleines Drama erscheinen: spannend, interessant, lesenswert. Hilfreich dabei ist die Darstellung persönlicher Schicksale, Gefühle und Beziehungen.

3. *Fontane arbeitet in der Ballade wie ein moderner Filmregisseur: Er verknüpft eine* ***Naturkatastrophe*** *mit dem* ***persönlichen Schicksal*** *einer Familie. Erläutere, was damit gemeint ist und wie das auf die Leser wirkt.*

4. *Zeichne die* ***Spannungskurve*** *dieser Ballade und zeige, welche Veränderungen – Steigerung oder Spannungsabfall – in den fünf Strophen passieren.*

5. *Finde heraus, mit welchen* ***sprachlichen Mitteln*** *der Verfasser in der 3. Strophe arbeitet, um die gefährliche Situation, in der sich der Zug befindet, anschaulich darzustellen.*

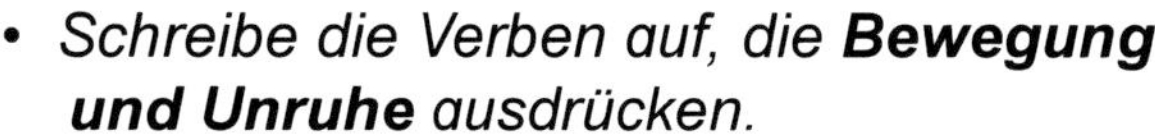

- *Schreibe die Verben auf, die* ***Bewegung und Unruhe*** *ausdrücken.*
- *Finde die* ***Personifikation*** *und erkläre, welche Bedeutung sie hat.*
- *Notiere die Wörter, die auf die* ***Stabilität*** *des Zuges hinweisen.*

Fasse deine Ergebnisse zusammen und stelle dar, wie Johnie die Situation einschätzt.

Drei Hexen

6. *Sprecht über diese Meinungen zu den drei Hexen und klärt, welche Bedeutung die Figuren im Vorwort und im Nachwort der Ballade haben.*

Klare Sache: Sie haben die Brücke verhext und lassen sie einstürzen!

Luis

Die Hexen haben **symbolische Bedeutung**: Sie stehen nur als Warnung vor der Überheblichkeit der Menschen, die meinen, dass ihre Technik unverwundbar sei!

Mehmet

KOHL VERLAG Balladen ... aber gründlich! – Bestell-Nr. 11 590

Erlkönig

Erlkönig
Johann Wolfgang von Goethe (um 1782)

Wer reitet so spät durch Nacht und Wind?
Es ist der Vater mit seinem Kind.
Er hat den Knaben wohl in dem Arm,
Er fasst ihn sicher, er hält ihn warm.

Mein Sohn, was birgst du so bang dein Gesicht?
Siehst Vater, du den Erlkönig nicht!
Den Erlenkönig mit Kron' und Schweif?
Mein Sohn, es ist ein Nebelstreif.

Du liebes Kind, komm geh' mit mir!
Gar schöne Spiele, spiel ich mit dir,
Manch bunte Blumen sind an dem Strand,
Meine Mutter hat manch gülden Gewand.

Mein Vater, mein Vater, und hörest du nicht,
Was Erlenkönig mir leise verspricht?
Sei ruhig, bleibe ruhig, mein Kind,
In dürren Blättern säuselt der Wind.

Willst feiner Knabe du mit mir geh'n?
Meine Töchter sollen dich warten schön,
Meine Töchter führen den nächtlichen Reihn
Und wiegen und tanzen und singen dich ein.

Mein Vater, mein Vater, und siehst du nicht dort
Erlkönigs Töchter am düsteren Ort?
Mein Sohn, mein Sohn, ich seh' es genau:
Es scheinen die alten Weiden so grau.

Ich lieb dich, mich reizt deine schöne Gestalt,
Und bist du nicht willig, so brauch ich Gewalt!
Mein Vater, mein Vater, jetzt fasst er mich an,
Erlkönig hat mir ein Leids getan.

Dem Vater grauset's, er reitet geschwind,
Er hält in den Armen das ächzende Kind,
Erreicht den Hof mit Mühe und Not,
In seinen Armen das Kind war tot.

Sprecher, Erzähler und Stimmen ...

1. *Das Besondere an dieser Ballade ist der Auftritt verschiedener Stimmen und Sprecher. Finde heraus, wer jeweils spricht, und markiere dies am Rand des Textes in diesen Farben:*
Erzähler (rot); Vater (blau); Sohn (grün); Erlkönig (schwarz)

2. *Lest die Ballade nun mit verteilten Rollen so vor, dass die Situation und die Stimmung, in der sich Vater und Sohn befinden, deutlich werden.*

Balladen ... aber gründlich! – Bestell-Nr. 11 590
KOHL VERLAG

3 Schauriges und Schummriges

Erlkönig

3. *Zeichne einen **Weg durch den Wald** bis zum Hof. Klebe oder notiere darauf diese acht Inhaltsangaben der Strophen in der richtigen Reihenfolge.*

a) Der Sohn scheint Erlkönigs Töchter zu sehen. Der Vater wiegelt ab.	*b) Der Sohn meint den Erlkönig zum ersten Mal zu hören.*
c) Erlkönig verspricht Spiele und Blumen.	*d) Der Vater hält seinen Sohn auf dem Ritt durch die Nacht im Arm.*
e) Der Sohn redet vom „leisen Versprechen" des Erlkönigs, der Vater findet eine natürliche Erklärung.	*f) Erlkönig spricht von seinen Töchtern.*
g) Der Vater erreicht den Hof mit dem toten Kind im Arm.	*h) Der Sohn fürchtet, dass ihm Erlkönig Gewalt antut.*

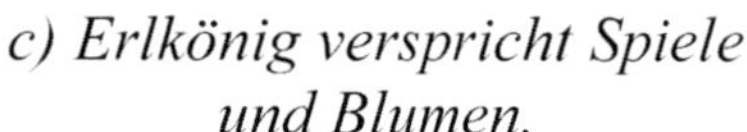

Fragen über Fragen ...

4. *In dieser Ballade sind viele Dinge **ungewiss**. Man sagt: Der Text ist offen, er hat einen großen **Interpretationsspielraum** oder Deutungsspielraum. Notiere hier die Fragen, die du zu den einzelnen Bereichen hast:*

Thema	**Offene Fragen**
Der Ritt durch die Nacht	***Warum sind Vater und Sohn unterwegs?***
Der Zustand des Sohnes	
Der Erlkönig	

KOHL VERLAG Balladen ... aber gründlich! – Bestell-Nr. 11 590

Erlkönig

Mit allen Sinnen

5. *Die Wahrnehmungen des Jungen sind sehr vielfältig. Er* ***sieht, hört und fühlt*** *den Erlkönig. Markiere die Textstellen, die auf diese Eindrücke hinweisen, mit einem* ***S*** *(sehen), einem* ***H*** *(hören) und einem* ***F*** *(fühlen) jeweils am Rand der Ballade.*

Balladenbox

Spuk, Gespenster und Zauberei, unheimliche und magische Naturerscheinungen sind häufige Themen (Motive) in Balladen. Man bezeichnet sie als naturmagische oder naturmythische Balladen.
Unheimliche Orte oder magische Wesen spielen wichtige Rollen. Der Mensch wird Opfer solcher Erscheinungen und Kräfte, er steht oft machtlos den Mächten der Natur gegenüber. Viele Balladen warnen vor menschlicher **Überheblichkeit (Hybris)** und weisen darauf hin, die Mächte der Natur zu respektieren.

Lass dich ziehen ...

6. *Dies ist ein* ***„Spiel" für drei Personen****, in dem es darum geht, die* ***Kraft des Erlkönigs am eigenen Leib zu spüren****: Eine Person liest die Ballade. Jemand schlüpft in die Rolle des Kindes, jemand spielt den Erlkönig und fasst einen Arm des Kindes an. Er/Sie berührt und zieht jeweils so kräftig, wie es die Strophen der Ballade vorgeben. Tauscht die Rollen und klärt am Schluss, welche Entwicklung ihr beobachtet (allmähliche oder plötzliche Steigerung, Verlangsamung, Beschleunigung …).*

7. *Zeichne den Erlkönig. Hier findest du* ***zeitgenössische Illustrationen****, die du als Anregungen benutzen kannst: http://www.goethezeitportal.de/index.php?id=3857*

Der Erlkönig-Soundtrack

8. *Finde* ***Musiktitel oder auch nur Geräusche****, die zur Stimmung und zum Handlungsverlauf der Ballade passen. Vielleicht könnt ihr ein paar Titel zusammenstellen und als „Soundtrack" aufnehmen und vorspielen. Im Internet gibt es zahlreiche Beispiele von Vertonungen der Ballade. Du findest einige davon auf „youtube", zum Beispiel diese interessante Version: http://www.youtube.com/watch?v=wusVHokSa98*

4 Schräges und Schockierendes

Kannibalenballade

Teil I

„Mami, ach Mami, komm spiel doch mit mir!
Lass uns schaukeln dort an den Lianen!
In den Urwald möchte ich rennen mit dir,
bitte, bitte, pflück mir Bananen!“
„Hab‘ ich da eben Bananen gehört?
Dafür soll sich mein Töchterchen schämen!
Kannibälchen, wann hast du es endlich kapiert,
wie sich Kannibalen benehmen?

Dein Vater ist einer und Großvater auch,
wir alle sind Menschenfresser.
Doch du hast nur Obst und Gemüse im Bauch,
komm zu mir und wetze die Messer!
Ein paar leckere Häppchen sind unten am Fluss,
ein fettes Touristengrüppchen.
Dein Papi knackt eben den Reisebus,
gleich koch‘ ich uns Tui-Süppchen!“

„Jetzt hör‘ ich die Trommel! Welch‘ seltsamer Klang,
sag, Mami, was kann das bedeuten?
Erst zwei Schläge kurz, dann drei Schläge lang …
Ist Paps schon dabei, sie zu häuten?“
„Es sind Touris aus Deutschland, sechs an der Zahl,
genauer gesagt, es waren …
Alles ging wie geplant, kurzer Kampf, keine Qual,
doch der Trommler …

Fortsetzung folgt …

1. *Schlüpft in die Rollen von Mutter und Tochter und spielt den Text der Ballade so vor, dass die Gefühle und die Ansichten der beiden Personen deutlich werden.*

2. *Dies ist nur der erste Teil der Ballade. Erzähle, wie es weitergehen könnte. Begründe deine Meinung.*

3. ***Übertrage die Situation** der Ballade aus dem Dschungel in deine Umgebung und fülle die Lücken, sodass ein typischer Alltagsstreit entsteht. Dabei sollte es nicht um Ernährung gehen:*

„Hab‘ ich da eben ______________ gehört?
Dafür soll sich mein Kind aber schämen!
Mädchen / Junge, wann hast du es endlich kapiert, wie sich ______________ benehmen.

4 Schräges und Schockierendes

Kannibalenballade

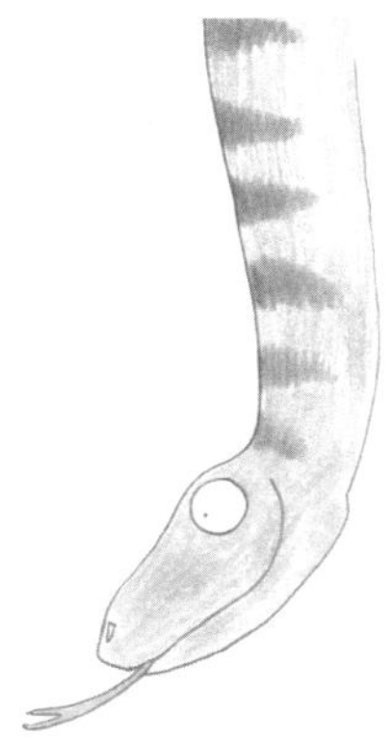

Teil II

doch der Trommler rät ab, sie zu garen.

Medizinmann verkündet: Hier gibt's nix zu schmoren,
im Urwald wird heute gefastet!
Drei Alte sind mager, gehn an Rollatoren,
ein vierter ist schadstoffbelastet.
Beim fünften beginnen die Glieder zu beben,
der übelste Trinker der Gruppe.
Er hört das Wort „Kochtopf", muss sich übergeben,
dann googelt er „Menschenfleischsuppe."

Medizinmann hat jetzt Nr.6 obduziert:
Im Magen, da gluckerts und brodelts,
nur Cola mit Pommes und Ketchup garniert,
der Kerl aß wohl nur bei McDonald's!"
„Solche Touris sind in der Pfanne nichts wert!
Wenig Hirn, dazu krank, kein Format!
Mama, bitte stelle dich nicht an den Herd,
mach uns lieber Lianensalat!"

„Kannibälchen, schau erst in der Kühltruhe nach,
tief unter den Pizzen vom Eismann.
Ich wette, wir haben ganz hinten im Fach
noch ein leckeres Rippchen von Tarzan!"

4. *Erzähle mit eigenen Worten, was mit den Touristen los ist und welche Folgen das für die „Kannibalen" hat.*

Kleine Richtigstellung:

Das Thema **„Kannibalismus"** erzeugt meist Angst und Grauen. Dabei kennt fast jedes Kind eine „Kannibalin" aus Grimms Märchen: Die menschenfressende Hexe will Hänsel und Gretel erst backen und dann verspeisen.
Wir Europäer haben in der Vergangenheit leider gern auf Urvölker in Afrika oder Südamerika gezeigt, in denen es angeblich Kannibalismus gegeben habe. Das stimmte meist nicht. Unsere Fantasie, unsere Angst vor dem Fremden hat zu vielen grausamen Fantasien geführt: Urvölker wurden oft als „Wilde" oder „Barbaren" bezeichnet, dabei konnten die meisten Hinweise auf Kannibalismus weder von Archäologie noch von Völkerkundlern bestätigt werden.

5. *Lies die „**kleine Richtigstellung**" und erläutere mit Hinweisen auf die Ballade, warum der Info-Text diese Überschrift trägt.*

Kannibalenballade

E **6.** *Entscheide dich für eine „**Affenposition**“:*

Humor in der Ballade

7. *Markiere die Textstellen in der Ballade, die auf dich **komisch** wirken.*

8. *Du siehst hier drei wichtige **Wirkungsmittel der Komik**. Finde weitere Beispiele und trage sie hier ein:*

Sprachliche Mittel	Beispiele	Fundstelle (Strophe/Vers)
Übertreibungen	***wetze die Messer*** ***schon dabei, sie zu häuten***	***Strophe 2, Vers 4*** ***Strophe 3, Vers 4***
Verniedlichungen	***Kannibälchen***	***Strophe 1, Vers 7***
Umgangssprache	***übelste Trinker***	***Strophe 4, Vers 6***
Ungewöhnliche Ausdrücke (Wortschöpfungen)	***fettes Touristengrüppchen***	***Strophe 2, Vers 6***

9. *Das Gedicht hat eine **Pointe** (Höhepunkt, Überraschung, Knalleffekt) am Schluss. Erkläre, worin diese besteht.*

KOHL VERLAG Balladen ... aber gründlich! – Bestell-Nr. 11 590

Fleckenballade

Die Clique trägt Shirts von Miss Flotti,
Taschen und Gürtel von Protz,
Pullis von Carlo Clamotti,
dazu die Uhren von Schwotz.

Die Clique geht nur in Boutiquen,
wo sie nach Schmeichel-Jeans fragt,
denn die kaschieren die dicken
Pos und sind echt angesagt.

Nur Lisa fehlt leider die Knete.
Sie trägt ein Knittermann-Top.
Das kaufte ihr Tante Grete
Im Grabbel-Geizkragenshop.

„Unmöglich!“, lästert die Clique
und lacht sich über sie schief.
„Verschwinde, du Billigteilzicke!
Dein Müllsack ist voll primitiv!“

Beim Essen hat sie sich bekleckert.
Pommes rotweiß waren schuld.
Mama hat zwar heftig gemeckert,
doch Lisa fand's „irgendwie Kult!“

Vorm Spiegel spricht sie ganz locker:
„Jetzt zahl ich's euch Schnepfen zurück.
Mein Fleck ist der totale Schocker,
ein Ketchup-Designer-Stück.“

Die Clique findet's „Igitti!“
Doch Lisa schwärmt leise:„Wie süß!
Ihr kennt nicht Luigi Pomfriti,
Designerpapst aus Paris!

Der schneidert die irren und flotten
Teile im Tomato-Ton.
Ich mag seine crazy Klamotten,
die Ketchup-Spot-Kollektion.“

Die Clique hat gleich angebissen
und sich in Pomfriti verliebt.
„Los Lisa, lass es uns wissen,
wo man die Traumteile kriegt!“

Lisa tippt sich an die Stirne:
„Für mich ist das Top ein Gedicht,
doch passt's nicht zum Brett vor der Birne
und deswegen steht es euch nicht!“

Improvisieren

1. *Spielt den Inhalt der Ballade mit verteilten Rollen und freiem Text. Schlüpft dazu in die Rollen von Lisa, ihrer Mutter und den Mädchen der Clique.*

2. *Es geht um „**Markenklamotten**.“ In der Ballade werden dafür **Fantasienamen** benutzt. Zeichne die Skizze eines Mädchens aus der Clique und trage die Kleidungsstücke mit den Namen ein, die du hier findest.*

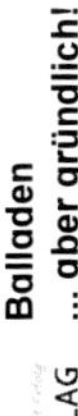

4 Schräges und Schockierendes

Fleckenballade

So denkt die Clique

3. *Setze den Satz im Sinne der Clique fort:*
„Wenn es um Klamotten geht, dann zählt für uns ...“

Ganz schön kultig!

Kultig: Wenn etwas in einer bestimmten Gruppe, einer Anhängerschaft, ein hohes Ansehen genießt, wenn es „angesagt ist“, dann hat es „**Kultstatus erlangt**“ und wird verehrt oder ist sehr beliebt. Die Gründe dafür sind den „Verehrern“ meist unbekannt. Wichtig ist nur, dass alle derselben Meinung sind. Kultig ist etwas dann, wenn es dem Zeitgeschmack einer Gruppe entspricht. Das gilt für Kleidung, für Literatur oder für Musik und Alltagsgegenstände.

4. *Stellt in Kleingruppen die **Charts der fünf kultigsten Dinge** aus eurem Alltag zusammen.*

5. *Schreibe den **Tagebucheintrag eines Markenklamotten-Fans**, indem ihr möglichst viele Produktnamen in den Text einbaut. So könnte es beginnen:*
„Als ich gestern mein I-Phone 5 aus der Tasche meiner ... zog, um ...

6. *Lisa erklärt den Fleck auf ihrem T-Shirt für kultig. Stelle dar, wie sie es schafft, die Zustimmung und die Begeisterung der Clique zu bekommen.*

7. *Bei aller Komik dieser Ballade geht es hier doch um ein ernsthaftes Thema aus eurem Alltag. Diskutiert in der Klasse, welche Bedeutung „**Markenklamotten**“ für euch haben und ob ähnliche Vorgänge wie in der Ballade auch in eurer Umgebung passieren könnten.*

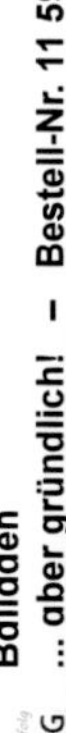

Der Blusenkauf

Der Blusenkauf
Otto Reutter (1927)

Wenn Frau'n was kaufen, das geht flink,
ich weiß, wie's meinem Freund erging,
der, jung vermählt, wollt' in der Früh
mal ins Büro, da sagte sie:
„Lass mich ein Stückchen mit dir gehn"–
dann blieb sie vor 'nem Laden stehn.
„Komm, gib mir's Geld – bin gleich zurück,
es dauert nur 'nen Augenblick.
Bleib draußen", sprach Frau Suse,
„ich kauf mir bloß 'ne Bluse."

Nun geht sie rein – „'nen Augenblick",
Ihr Mann, sehr heiter, bleibt zurück.–
Er freut sich -'s Wetter ist sehr schön,
sieht Kinder, die zur Schule gehn. –
Und sie sagt drinnen zur Mamsell:
„'ne blaue Bluse, aber schnell!"
Nun schleppt man alle blauen rein,
und nach 'ner Stunde sagt sie: „Nein,
ich finde keine nette,
ich möcht 'ne violette."

Nun packt man violette aus.
Ihr Mann, geduldig, steht vorm Haus,
denkt: „Ziemlich lange währt so'n Kauf",
geht auf und ab – und ab und auf –
Und sie sagt drinnen:„Das ist nett!
Wie kam ich nur auf violett?
Da fällt mir ein, Frau Doktor Schmidt
geht immer mit der Mode mit –
und die trägt jetzt 'ne gelbe.
Ach, geb'n Sie mir dieselbe."

Nun packt man alle gelben aus.
Ihr Mann wird hungrig vor dem Haus.
Der Mittag naht – die Sonne sticht,
die Kinder komm'n vom Unterricht. –
Und sie sucht drin und sagt alsdann:
„Was geht Frau Doktor Schmidt mich an!
Wie kam ich auf 'ne gelbe nur?
Es wird ja Frühling, die Natur
zeigt frohe Hoffnungsmiene,
ach, geb'n Sie mir 'ne grüne."

Nun packt man alle grünen aus.
Ihr Mann wird matt und seufzt vorm Haus:
„Gern kauft' ich 'ne Zigarre mir,
jedoch das Geld, das ist bei ihr." –
Und sie sagt drin: „Beim Sonnenschein,
da wird das Grün zu dunkel sein."–
Da schaut er rein. „Mein Portemonnaie."
Sie sagt: „'nen Augenblick noch. Geh!
Ich bin ja gleich zur Stelle. –
Ach, geb'n Sie mir 'ne helle."

Nun packt man alle hellen aus.
Da gibt's ein Ungewitter drauß':
Es regnet bis zum Abendrot.
Ihm fehlt ein Schirm und's Abendbrot –
und sie sagt drinnen zur Mamsell:
„So'n Wetter heut – und dazu hell?
Und überhaupt, wir haben bald
April, da wird's oft naß und kalt,
dann bin ich die Blamierte.
Ach, geb'n Se 'ne karierte."

Nun packt man die karierten aus –
und er stöhnt, frei nach Goethe drauß':
„Was ewig weiblich, zieht uns an.
Das Weib, das zieht sich ewig an."-
Und sie probt drin und sagt entsetzt:
„Was – Nummer vierundvierzig jetzt?
Nicht zweiundvierzig, schlank und schick?
Dann nichts Kariertes – das macht dick",
ihr Blick zur Taille schweifte.
„Dann geb'n Sie 'ne gestreifte."

Nun packt man die gestreiften aus.
Ihr Mann, der wankt und röchelt drauß':
„*Ein Augenblick!*"Das war ihr Wort! –
Dann fällt er um – man trägt ihn fort. –
Da kommt sie mit 'ne roten raus.
„Hier bin ich schon," ruft froh sie aus –
und schreit: „Mein Mann! Mein einz'ges Glück!
Gott, ist er tot? Ein' Augenblick!"
Und in den Laden starrt se:
„Dann geb'n Sie mir 'ne schwarze."

KOHL VERLAG Balladen ... aber gründlich! – Bestell-Nr. 11 590

4 Schräges und Schockierendes

Der Blusenkauf

Todesanzeige

1. *Verfasse eine – natürlich nicht ernst gemeinte – Todesanzeige für das „Opfer" in dieser Geschichte. Darin sollten die Ursachen und Umstände seines Todes deutlich werden.*

2. *Nehmt Stellung zu den beiden Gedanken von Ben und Mona. Bezieht euch dabei auf den Text des Blusenkaufes.*

Balladenbox

Bei diesem Text handelt es sich um eine Sonderform der Ballade, um ein „**Couplet**": Das **Couplet** (*frz. „couplet"*: Zeilenpaar) ist ein meist witziges mehrstrophiges Lied, geschrieben für die Kabarettbühne, mit zeitkritischen Bezügen. Oft hat es einen Refrain. In der ersten Hälfte des zwanzigsten Jahrhunderts, vor allem in den Zwanzigerjahren, waren Couplets sehr beliebt.

Kurt Tucholsky, ein Zeitgenosse Otto Reutters, schrieb dazu:
Ein Couplet zu schreiben: das ist eine mühselige und eine ernste Sache. (…) Im Couplet muss die Sprache selbst dichten. (…) Leicht und ungezwungen müssen die Worte einander folgen, leicht und klar die Gedanken – und verwickelte und zusammengekoppelte Gedanken verträgt das Couplet überhaupt nicht. Es reicht grade nur für die einfachsten Dinge, wenns im Fluge verstanden werden soll – man kann allerlei sagen in einem Couplet, aber man muß es sehr einfach sagen. Und ehe man Rhythmus und Reim und Gedankengang glücklich vereinigt hat, vergeht manchmal eine ganze Nacht. *Was man aber nicht merken darf.* Erst wenn die Leute sagen: »Das haben Sie gewiss aus dem Ärmel geschüttelt!« – erst dann ist das Couplet gelungen.

3. *Lest die Definition und schreibt auf, welche Merkmale eines Couplets der **Blusenkauf** hat.*

Balladen ... aber gründlich! – Bestell-Nr. 11 590
KOHL VERLAG

Der Blusenkauf

4. *Ihr findet die vom Verfasser Otto Reutter im Jahre 1927* ***gesungene Fassung*** *des Couplets im Internet auf dieser Seite: http://www.youtube.com/watch?v=PzJ43xoLjYg*

Zu diesem Text gibt es auch zahlreiche moderne Interpretationen. Ein Beispiel dafür findet ihr hier: https://www.youtube.com/watch?v=SOPffELocmU

Tauscht eure Meinungen zu den Interpretationen und zu diesem Kommentar aus: „Erstaunlich, wie aktuell die Texte heute noch wirken."

Vorurteile über Vorurteile

5. *Finde heraus, warum der Blusenkauf so lange dauert, indem du die* ***Eigenschaften und Verhaltensweisen*** *aufschreibst, die hier der Frau zugeschrieben werden.*

Eine Karikatur ist eine Zeichnung oder ein Text, die oder der eine Situation mit wenigen Strichen oder wenigen Worten stark übertrieben und daher komisch darstellt. Ziel der Karikatur ist es, menschliche Schwächen oder Zustände zu entlarven.

6. *Lies die Definition und erläutere, inwiefern der „Blusenkauf"* ***Merkmale einer Karikatur*** *zeigt.*

Und die Jungs ...?

7. *Kehrt die Situation des Couplets einmal um und lasst Mädchen auf Jungen warten, die sich vielleicht im Handyladen, im Sportgeschäft oder ganz woanders herumtreiben … Ihr könnt die Situation:*

- *mit verteilten Rollen vorspielen.*
- *entweder als Erzählung oder sogar gereimt aufschreiben.*

5 Helden

Happy End für Ben

Hallöchen,

die niedlichste Hochbegabte der Welt hat mir heute Morgen den Stachelrochen verziehen! Zu meiner Königskinder-Kerzenaktion hat sie nur gesagt, endlich flackere bei mir das Interesse an der Literatur und an den Balladen auf. Tatsächlich sind nur drei Kerzen aufgeflackert und ich hätte beim Selfie-Knipsen beinahe meine Jacke angekokelt. Aber das ist eine andere Geschichte …
Balladenbuch Nr. 13 habe ich gestern Nacht unters Kopfkissen geschoben, weil wir den **Erlkönig** auswendig lernen sollten. Später habe ich geträumt, mein Balladenwälzer wäre unterm Kopfkissen **undicht** geworden und hätte diese Gegenstände vor mein Bett gespuckt:

ein Blusenknopf, ein Grabstein und ein Paar Hausschlappen, ein Afrika-Reiseprospekt, eine Pommesgabel, eine Tube „Löwensenf", eine Schachtel Streichhölzer, ein Rollator, ein Kaktus, einige Pferdeäpfel, eine Christbaumkugel, ein Seil, ein Füller.

Ich vermute, die Sachen sind aus den Balladen gerutscht, die sich im Buch befinden. Ach ja, noch etwas, ich habe den Anfang des Erlkönigs etwas verändert. Morgen werde ich ihn der niedlichsten Hochbegabten der Welt vortragen:

Wer ritt gestern zur Schule hin und zurück?
Es war der Ben auf dem Weg ins Glück!
Der Junge war happy, das Pferdchen trabte,
im Arm hielt er Bella, die Hochbegabte!

Tschüssi
Ben

Wie süüüß!
Woher weiß Benni
bloß, wie sehr ich
Pferde mag?

1. *Findet heraus, aus welchen **„undichten Balladen"** die Dinge gefallen sein könnten, die Ben hier erwähnt. Notiert die Titel der Balladen dahinter. Bedenkt: Aus einer Ballade können auch mehrere Dinge gefallen sein.*

Die Bürgschaft

Die Bürgschaft
Friedrich von Schiller (1798)

Zu Dionys[1], dem Tyrannen, schlich
Damon, den Dolch im Gewande:
Ihn schlugen die Häscher in Bande,
»Was wolltest du mit dem Dolche? sprich!«
Entgegnet ihm finster der Wüterich.
»Die Stadt vom Tyrannen befreien!«
»Das sollst du am Kreuze bereuen.«

»Ich bin«, spricht jener, »zu sterben bereit
Und bitte nicht um mein Leben:
Doch willst du Gnade mir geben,
Ich flehe dich um drei Tage Zeit,
Bis ich die Schwester dem Gatten gefreit[2];
Ich lasse den Freund dir als Bürgen,
Ihn magst du, entrinn' ich, erwürgen.«

Da lächelt der König mit arger List
Und spricht nach kurzem Bedenken:
»Drei Tage will ich dir schenken;
Doch wisse, wenn sie verstrichen, die Frist,
Eh' du zurück mir gegeben bist,
So muss er statt deiner erblassen,
Doch dir ist die Strafe erlassen.«

Und er kommt zum Freunde: »Der König gebeut[3],
Dass ich am Kreuz mit dem Leben
Bezahle das frevelnde Streben.
Doch will er mir gönnen drei Tage Zeit,
Bis ich die Schwester dem Gatten gefreit;
So bleib du dem König zum Pfande,
Bis ich komme zu lösen die Bande.«

Und schweigend umarmt ihn der treue Freund
Und liefert sich aus dem Tyrannen;
Der andere ziehet von dannen.
Und ehe das dritte Morgenrot scheint,
Hat er schnell mit dem Gatten die Schwester vereint,
Eilt heim mit sorgender Seele,
Damit er die Frist nicht verfehle.

Da gießt unendlicher Regen herab,
Von den Bergen stürzen die Quellen,
Und die Bäche, die Ströme schwellen.
Und er kommt ans Ufer mit wanderndem Stab,
Da reißet die Brücke der Strudel herab,
Und donnernd sprengen die Wogen

Und trostlos irrt er an Ufers Rand:
Wie weit er auch spähet und blicket
Und die Stimme, die rufende, schicket.
Da stößet kein Nachen[4] vom sichern Strand,
Der ihn setze an das gewünschte Land,
Kein Schiffer lenket die Fähre,
Und der wilde Strom wird zum Meere.

Da sinkt er ans Ufer und weint und fleht,
Die Hände zum Zeus erhoben:
»O hemme des Stromes Toben!
Es eilen die Stunden, im Mittag steht
Die Sonne, und wenn sie niedergeht
Und ich kann die Stadt nicht erreichen,
So muss der Freund mir erbleichen.«

Doch wachsend erneut sich des Stromes Wut,
Und Welle auf Welle zerrinnet,
Und Stunde an Stunde entrinnet.
Da treibt ihn die Angst, da fasst er sich Mut
Und wirft sich hinein in die brausende Flut
Und teilt mit gewaltigen Armen
Den Strom, und ein Gott hat Erbarmen.

Und gewinnt das Ufer und eilet fort
Und danket dem rettenden Gotte;
Da stürzet die raubende Rotte[5]
Hervor aus des Waldes nächtlichem Ort,
Den Pfad ihm sperrend, und schnaubet Mord
Und hemmet des Wanderers Eile
Mit drohend geschwungener Keule.

»Was wollt ihr?« ruft er vor Schrecken bleich,
»Ich habe nichts als mein Leben,
Das muss ich dem Könige geben!«
Und entreißt die Keule dem nächsten gleich:
»Um des Freundes willen erbarmet euch!«
Und drei mit gewaltigen Streichen
Erlegt er, die andern entweichen.

Und die Sonne versendet glühenden Brand,
Und von der unendlichen Mühe
Ermattet sinken die Kniee.
»O hast du mich gnädig aus Räubershand,
Aus dem Strom mich gerettet ans heilige Land,
Und soll hier verschmachtend verderben,
Und der Freund mir, der liebende, sterben!«

5 Helden

Die Bürgschaft

Und horch! da sprudelt es silberhell,
Ganz nahe, wie rieselndes Rauschen,
Und stille hält er, zu lauschen;
Und sieh, aus dem Felsen, geschwätzig, schnell,
Springt murmelnd hervor ein lebendiger Quell,
Und freudig bückt er sich nieder
Und erfrischet die brennenden Glieder.

Und die Sonne blickt durch der Zweige Grün
Und malt auf den glänzenden Matten
Der Bäume gigantische Schatten;
Und zwei Wanderer sieht er die Straße ziehn,
Will eilenden Laufes vorüber fliehn,
Da hört er die Worte sie sagen:
»Jetzt wird er ans Kreuz geschlagen.«

Und die Angst beflügelt den eilenden Fuß,
Ihn jagen der Sorge Qualen;
Da schimmern in Abendrots Strahlen
Von ferne die Zinnen von Syrakus[6],
Und entgegen kommt ihm Philostratus,
Des Hauses redlicher Hüter,
Der erkennet entsetzt den Gebieter:

»Zurück! du rettest den Freund nicht mehr,
So rette das eigene Leben!
Den Tod erleidet er eben.
Von Stunde zu Stunde gewartet' er
Mit hoffender Seele der Wiederkehr,
Ihm konnte den mutigen Glauben
Der Hohn des Tyrannen nicht rauben.«

»Und ist es zu spät, und kann ich ihm nicht,
Ein Retter, willkommen erscheinen,
So soll mich der Tod ihm vereinen.
Des rühme der blut'ge Tyrann sich nicht,
Dass der Freund dem Freunde gebrochen die Pflicht,
Er schlachte der Opfer zweie
Und glaube an Liebe und Treue!«

Und die Sonne geht unter, da steht er am Tor,
Und sieht das Kreuz schon erhöhet,
Das die Menge gaffend umstehet;
An dem Seile schon zieht man den Freund empor,
Da zertrennt er gewaltig den dichten Chor:
»Mich, Henker«, ruft er, »erwürget!
Da bin ich, für den er gebürget!«

Und Erstaunen ergreifet das Volk umher,
In den Armen liegen sich beide
Und weinen vor Schmerzen und Freude.
Da sieht man kein Augen tränenleer,
Und zum Könige bringt man die Wundermär';
Der fühlt ein menschliches Rühren,
Lässt schnell vor den Thron sie führen,

Und blicket sie lange verwundert an.
Drauf spricht er: »Es ist euch gelungen,
Ihr habt das Herz mir bezwungen;
Und die Treue, sie ist doch kein leerer Wahn –
So nehmet auch mich zum Genossen an:
Ich sei, gewährt mir die Bitte,
In eurem Bunde der dritte!«

Erläuterungen:
Friedrich Schiller verfasste die Ballade im Jahr 1798. Ihr liegt als Quelle die Erzählung des römischen Dichters Hyginus über einen grausamen sizilianischen Tyrannen zugrunde. 1) Dionys: Dionysios I. (der Ältere), ca. 430–367 v. Chr., tyrannischer Herrscher von Syrakus ; 2) verheiratet; 3) gebietet; 4) Kahn, Boot; 5) Bande
6) Syrakus: Bedeutende antike Stadt auf Sizilien

Die Bürgschaft

Das Personal

1. *Erläutere dieses Schaubild mithilfe der Ballade. Stelle dar, wer diese Figuren sind, welche Beziehungen zwischen ihnen zu Beginn und zum Ende der Ballade herrschen.*

Die Hauptfigur: ____________________

Der Freund

Der Feind: ____________

2. *In einem Lexikon heißt es: „Die* ***Bürgschaft*** *ist ein einseitig verpflichtender Vertrag, mit dem sich der Bürge verpflichtet, die Verpflichtungen des Schuldners gegenüber einem Gläubiger zu erfüllen, sofern der Schuldner sie nicht selbst erfüllt. Der Gläubiger will sich durch die Bürgschaft für den Fall einer Zahlungsunfähigkeit seines Schuldners absichern.“*
Übertrage die zentralen Begriffe auf die drei Personen der Ballade.

Der Handlungsverlauf

3. *Zum Verständnis der Ballade ist es wichtig, sie in einzelne Handlungsabschnitte zu gliedern. Benutze dazu diese Vorlage, gib den einzelnen Teilen Überschriften und notiere die Inhalte in Stichworten:*

Strophen/Gruppen	Überschrift	Inhalt
1, 2, 3		
4, 5		
6, 7, 8, 9		
10, 11		

KOHL VERLAG Balladen ... aber gründlich! – Bestell-Nr. 11 590

Die Bürgschaft

Der Handlungsverlauf (Fortsetzung)

Strophen/Gruppen	Überschrift	Inhalt
12, 13		
14, 15		
16, 17		
18, 19, 20		

Zitate

4. *Es gibt in dieser Ballade ein paar wichtige Textstellen, die erläutert werden sollten. Du findest hier drei Zitate. Erkläre jeweils, was sie aussagen und was dahinter steckt:*

Da lächelt der König mit arger List …

Und schweigend umarmt ihn der treue Freund …

Er schlachtete der Opfer zweie Und glaube an Liebe und Treue!

KOHL VERLAG Balladen … aber gründlich! – Bestell-Nr. 11 590

Die Bürgschaft

Heldenhaftes

5. *Diskutiert, wer in dieser Ballade* ***der eigentliche Held*** *ist und was ihn dazu macht. Lest dazu das folgende Gespräch aus der 7a und schließt euch Meinungen an, korrigiert oder verwerft sie:*

Chris: Klare Sache, für mich ist Damon der Held der Ballade, denn er hat immerhin den Mut, eine Stadt vom Tyrannen zu befreien.

Murat: Eigentlich begeht der König die heldenhafte Tat, indem er am Schluss darum bittet, in den Freundschaftsbund aufgenommen zu werden.

Leo: Er ist beeindruckt von der Freundschaft, kein Wunder!

Katze: Also, für mich ist der Damon der Held, und sonst niemand! Erst schwimmt er durch den reißenden Fluss und anschließend macht er drei Räuber kalt, echt voll der Hero!

Bella: Na ja, das eigentlich Heldenhafte ist der letzte Teil. Er könnte fliehen, aber er kehrt trotzdem zurück und will sich ausliefern …

Layla: Ich habe mal nachgeschlagen: Also, ein Held ist eine Person mit herausragenden Fähigkeiten oder Eigenschaften, ein Mensch, der besondere körperliche oder geistige Leistungen zeigt, und zwar die Heldentaten.

Ben: Und der Freund, wie denkt ihr über den?

Märchenhaftes und Ideales

6. *An einigen Stellen klingt die Ballade nicht sehr realistisch. Finde solche Elemente im Handlungsverlauf, die eher* ***„märchenhaft“*** *erscheinen. Sprecht darüber, warum der Verfasser sie „eingebaut“ haben könnte.*

7. *Dem Verfasser und seiner Ballade wird vorgeworfen, er* ***„idealisiere“*** *das Thema Freundschaft. Er verherrliche und verkläre es, er hebe es sozusagen „in den Himmel“, denn auf der Erde gebe es diese makellose Freundschaft zwischen Damon und dem Freund nirgendwo. Diskutiert den Sachverhalt.*

Schiller hätte das abkürzen können!

8. *Nimm Stellung zu Tinas Meinung:*
„Die Ballade ist schon in Ordnung, aber warum benötigt Damon – genauer gesagt: der Verfasser – ganze zwölf Strophen für den Rückweg? Das hätte man doch wohl kürzer fassen können, oder?“

5 Helden

Zeugnistag

Zeugnistag
Text und Musik: Reinhard Mey

Ganz schön dumm gelaufen …

Ich denke, ich muss so zwölf Jahre alt gewesen sein,
Und wieder einmal war es Zeugnistag.
Nur diesmal, dacht' ich, bricht das Schulhaus samt Dachgestühl ein,
Als meines weiß und hässlich vor mir lag.
Dabei war'n meine Hoffnungen keineswegs hoch geschraubt,
Ich war ein fauler Hund und obendrein
Höchst eigenwillig, doch trotzdem hätte ich nie geglaubt,
So ein totaler Versager zu sein.

So, jetzt ist es passiert, dacht' ich mir, jetzt ist alles aus,
Nicht einmal eine 4 in Religion.
Oh Mann, mit diesem Zeugnis kommst du besser nicht nach Haus,
Sondern allenfalls zur Fremdenlegion[1].
Ich zeigt' es meinen Eltern nicht und unterschrieb für sie,
Schön bunt, sah nicht schlecht aus, ohne zu prahl'n!
Ich war vielleicht 'ne Niete in Deutsch und Biologie,
Dafür konnt' ich schon immer ganz gut mal'n!

Der Zauber kam natürlich schon am nächsten Morgen raus,
Die Fälschung war wohl doch nicht so geschickt.
Der Rektor kam, holte mich schnaubend aus der Klasse raus,
So stand ich da, allein, stumm und geknickt.
Dann ließ er meine Eltern kommen, lehnte sich zurück,
Voll Selbstgerechtigkeit genoss er schon
Die Maulschellen für den Betrüger, das missrat'ne Stück,
Diesen Urkundenfälscher, ihren Sohn.

Mein Vater nahm das Zeugnis in die Hand und sah mich an
Und sagte …

1) französische Streitkraft, die aus freiwilligen Soldaten besteht und weltweit eingesetzt wird

1. ***Charakterisiere den Sprecher*** *als Zwölfjährigen – nennen wir ihn „Paul" – in den ersten beiden Strophen. Finde heraus, welches aktuelle Problem Paul hat, wie er sich fühlt (Selbstwertgefühl) und wie er handelt.*

2. *Dies ist der* ***erste Teil der Ballade****. Wie könnte sie weitergehen? Finde eine Fortsetzung und schreibe auf, was anschließend passiert. Das muss sich nicht reimen, du kannst eine Erzählung oder eine Inhaltsangabe daraus machen.*

Balladen – aber gründlich! • Bestell-Nr. 11 590
KOHL VERLAG

5 Helden

Zeugnistag

Mein Vater nahm das Zeugnis in die Hand und sah mich an
Und sagte ruhig: „Was mich anbetrifft,
So gibt es nicht die kleinste Spur eines Zweifels daran,
Das ist tatsächlich meine Unterschrift."
Auch meine Mutter sagte, ja, das sei ihr Namenszug.
Gekritzelt zwar, doch müsse man versteh'n,
Dass sie vorher zwei große, schwere Einkaufstaschen trug.
Dann sagte sie: „Komm, Junge, lass uns geh'n."

Ich hab' noch manches langes Jahr auf Schulbänken verlor'n
Und lernte widerspruchslos vor mich hin
Namen, Tabellen, Theorien von hinten und von vorn,
Dass ich dabei nicht ganz verblödet bin!
Nur eine Lektion hat sich in den Jahr'n herausgesiebt,
Die eine nur aus dem Haufen Ballast:
Wie gut es tut, zu wissen, dass dir jemand Zuflucht gibt,
Ganz gleich, was du auch ausgefressen hast!

Ich weiß nicht, ob es Rechtens war, dass meine Eltern mich
Da rausholten, und wo bleibt die Moral?
Die Schlauen diskutier'n, die Besserwisser streiten sich,
Ich weiß es nicht, es ist mir auch egal.
Ich weiß nur eins, ich wünsche allen Kindern auf der Welt,
Und nicht zuletzt natürlich dir, mein Kind,
Wenn's brenzlig wird, wenn's schiefgeht, wenn die Welt zusammenfällt,
Eltern, die aus diesem Holze sind.

Beim „Zeugnistag" handelt es sich um einen Songtext von Reinhard Mey aus dem Album „**Mein Apfelbäumchen**".

3. *Lies diesen zweiten Teil der Ballade, kreuze an und erläutere anschließend deine Position:*

a) *Für mich ist das Verhalten der Eltern überraschend:* ☐

b) *Ich hatte dieses Verhalten erwartet:* ☐

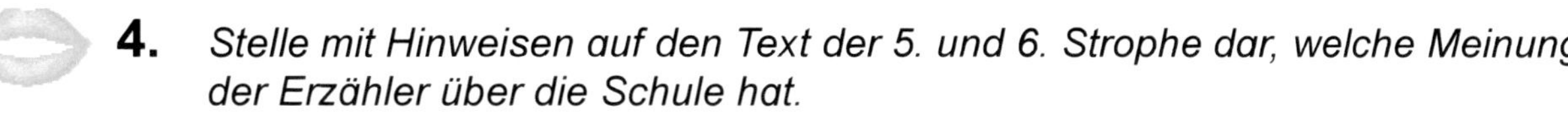

4. *Stelle mit Hinweisen auf den Text der 5. und 6. Strophe dar, welche Meinung der Erzähler über die Schule hat.*

KOHL VERLAG Balladen ... aber gründlich! – Bestell-Nr. 11 590

5 Helden

Zeugnistag

Bühne frei für ein Gespräch

5. *Spielt mit verteilten Rollen – Rektor, Paul, Vater, Mutter – die zentrale Szene nach. Bereitet euch darauf vor, indem ihr das Verhalten der beteiligten Personen, wie es im Text dargestellt wird, nachlest.*

6. *Untersuche, wie R. Mey den* ***Direktor in der 3. Strophe*** *charakterisiert. Markiere wichtige Formulierungen im Text und stelle dar, welches Bild hier vom Schulleiter gezeichnet wird.*

7. *Warum könnten sich Pauls Eltern so verhalten haben? Sammle Gründe, ziehe auch deine Ergebnisse von Aufg. 6 heran.*

8. *Beschreibe, wie der Erzähler die Reaktion seiner Eltern in den letzten beiden Strophen bewertet.*

9. *Nimm selbst eine Bewertung vor. Prüfe, ob es noch andere gute Reaktionen der Eltern in so einer Situation geben könnte, und setze dich kritisch mit diesen Meinungen auseinander:*

Sie hätten die Sache aufklären können und trotzdem zu ihrem Sohn halten sollen!

Ben

6 Lösungsvorschläge

1 Balladenberatung

Bens Buch

3. Ben spricht von Balladen in der Musik, also von Rock- und Popballaden.

Rockkonzert

2. Ben kritisiert diese Art von Musik als zu seicht, zu langsam und zu sanft. Auch kritisiert er das Publikum, das von dieser Musik ergriffen ist. Ben urteilt viel zu pauschal. Es gibt anspruchsvolle Pop- und Rockballaden, die seinen Vorurteilen nicht entsprechen.
3. Balladen sind – in der Literatur – Gedichte, in der Unterhaltungsmusik ist der Begriff weiter gefasst und meint langsame, getragene Musikstücke.

Bügelballade

3. Bügelbrett, Wäschekorb und Bügeleisen sollten auf der Bühne stehen.
4. Die Pointe besteht darin, dass die Mutter selbst das Alien ignoriert und für den Kundendienst hält.
5. Lisa hat Recht: Beide Personen reden bis zum Schluss aneinander vorbei. Von Missverständnissen kann daher nicht die Rede sein, eher von ganz verschiedenen Wahrnehmungen und Themen.
6. Die Handlungskurve zeigt a) eine Steigerung mit plötzlichem Spannungsabfall am Schluss.
7. Die „Bügelballade" erfüllt alle drei Kriterien, allerdings vollzieht sich b) nur im Dialog, denn es gibt keinen Erzähler.

Herr von Ribbeck auf Ribbeck im Havelland

1. Die gesuchte Ballade handelt weder von Glühbirnen noch von einem Obsthändler. Auch kann man das Verhalten des alten Herrn von Ribbeck nicht als „anquatschen" bezeichnen.
4. Diese Reihenfolge bietet sich für die Überschriften an: 1) Gute alte Zeiten; 2) Tod und Trauer; 3) Geiz und Hoffnung; 4) Ein sprechender Baum; 5) Ein Nachwort.
5. Bei den sieben Zutaten handelt es sich um: a) eine Handvoll Kinderlachen; b) eine kleine Prise Unheimliches; d) eine große Portion Gutherzigkeit; g) etwas „Happy End"; i) Lebensfreude, vermischt mit Liebe zur Natur; j) eine kleine Portion Überraschung; k) tiefschwarze Trauer
6. 1. Strophe: a, d, l; 2. Strophe: k; 3. Strophe: j, b; 4.Strophe: g
8. 1. Strophe: viele Jahre; 2. Strophe: etwa drei Tage; 3.Strophe: drei Jahre; 4. Strophe: viele Jahre
9. Kurzfassung: Baum im Garten, **Birnen** dran, die pflückt Ribbeck, **guter** Mann! Damit macht er Kids, ich denke, **regelmäßig** Obstgeschenke. Dann stirbt Ribbeck, Dorf in **Trauer**, Schluss mit Birnen, Kiddies sauer. Sohn ist **geizig**, gibt nix ab, da sprießt **Birnbaum** aus dem Grab. Auf dem **Friedhof** füllen die Blagen sich mit frischem **Obst** den Magen.
10. Es fehlt der Hinweis darauf, dass der Alte um eine Birne im Grab bat.
12. Es sind Parodien, weil sie das Gedicht von Th. Fontane, also ein allgemein bekanntes Werk (das „Original") nachahmen (parodieren) und dabei verändern.
15. Die Birnen verkörpern das, was Jule sagt, denn das Gedicht „lebt" von den Birnen. Sie drücken Lebensfreude und Naturnähe aus, sie stehen für Frische und Lebendigkeit, für die Kleinigkeiten eben, die das Leben lebenswert machen.

2 Wo die Liebe hinfällt

Balladen-Party

1. Es handelt sich um eine Liebesgeschichte, die einen Bezug zu seiner eigenen Sehnsucht nach Bella Hanke hat.
2. Als Gedicht ist die Ballade **zärtlich-romantisch**, als **Erzählung** ist sie ereignisreich, als **Drama** ist sie **wild-leidenschaftlich**.

Konfettiballade

3. Das Lösungswort lautet: verliebt
5. Konfetti zeigt menschliche Eigenschaften wie etwa: Liebe, Neid, Eifersucht, Glücksgefühl.
7. Dies ist eine Ballade, denn sie hat einen Erzähler, enthält Dialoge und Strophen, Verse und Reime.
8. Verben/Adjektive: rennen, werfen, springen, schönsten, sprühend, strecken, brausend, flirrend, still, unendlich lang, schweben, sanft, fliegen Es sind die Glücksgefühle der Kinder, Begeisterung und Faszination werden deutlich.

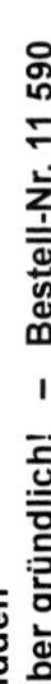

6 Lösungsvorschläge

2 Wo die Liebe hinfällt

Junge Liebe

2. blau: 1. Strophe, Verse 6–8; 2. Strophe, Verse 1–4; 3. Strophe
   rot: 2. Strophe, Verse 5–8; 4. Strophe; 5. Strophe
3. Pauline hat Recht, denn ihre Gefühle sind sehr intensiv.
4. Sie betrachtet diese Liebe als Sünde, denn sie ist als Mädchen in dem Alter noch ihren Eltern verpflichtet. In unserem Kulturkreis dürfte so ein Konflikt kaum noch auftreten, in anderen Kulturkreisen ist das wahrscheinlicher.
9. Sie liefert hier eine Kostprobe ihrer Fantasie und Einbildungskraft.
11. Mit dem letzten Satz liegt eine Schlusspointe und ein Beispiel für ihre Entschlossenheit vor. Was zunächst nach braver Tochter klingt, erweist sich als Hinweis darauf, dass sie es ernst meint. Das kann man als Kritik an allzu strenger Erziehung verstehen, denn sie möchte ausbrechen.

Sommermädchenküssetauschelächelbeichte

3. Die Nichte spricht zu ihrer Tante.
6. Hier geht es um Komik, um Darstellung der verspielt leichten Seite der Liebe und zugleich um Veranschaulichung. Das wird an vielen Stellen im Text deutlich.

Der Handschuh

2. Der Löwe dominiert und steht an der Spitze der Rangordnung. Er ist einerseits müde (2. Strophe), kann aber auch zeigen, wie stark er ist (4. Strophe). Der Tiger steht an zweiter Stelle, trumpft zunächst auf, lässt sich aber vom Löwen in die Schranken weisen. Die Leoparden sind „mutig", werden jedoch ebenfalls vom Löwen dominiert (Strophe 4).
3. Zu den besonders „langsamen" Passagen gehört die gesamte zweite Strophe.
5. Sie spricht „spottend", das heißt provokant, herausfordernd. Sie behandelt ihn wie einen Abhängigen, dem sie Befehle gibt (6. Strophe), betrachtet die gefährliche Herausforderung nur als aufregendes Spiel („Ei, so hebt mir ...").
8. Delorges hat Kunigunde durchschaut, bleibt sich selbst treu, bewahrt seine Würde, indem er die Liebesprobe nicht verweigert, sie dann aber verlässt.
9. 1 a; 2 a, c; 3 a, b

Hartnäckige Liebe

2. 1–4: Der sonst so furchtlose Jan Reimers bekommt Angst davor, Antje zu heiraten.
   5–7: Jan erleidet Schiffbruch und verlebt drei glückliche Jahre in England.
   8–10: Antje macht Jan ausfindig und zwingt ihn, mit ihr zu gehen.
3. Jan Reimers ist ein furchtloser Seemann, der eigentlich seine Unabhängigkeit bewahren möchte und die Seefahrt mehr liebt als eine Frau. Sie scheint temperamentvoll, kratzbürstig und schließlich durchsetzungsstark und zielstrebig, denn sie reist ihm hinterher und holt ihn zurück.
6. Die Sprache ist dialektgefärbt, passt in ihrer Derbheit zu den Figuren. Sie benutzt Kraftausdrücke.

3 Schauriges und Schummriges

Die Brück`am Tay

1. Das ist zu sehen: 1. Szene (Brücknerhaus): i, e; 2. Szene (Brücknerhaus): d, f; 3. Szene (Im Zug): a, g, h; 4. Szene: b; 5. Szene (Brücknerhaus): e, f, c
3. Durch die Verknüpfung nimmt der Leser Anteil an einem Schicksal.
4. Die Spannungskurve entwickelt sich stetig nach oben – Linie –, um dann am Schluss abzufallen.
5. Wortwahl, Personalisierung des Zuges, Verben der Bewegung: keuchen, zwingen, rasen, ringen ...; Johnie glaubt an die Zuverlässigkeit und an die Kraft der Technik.
6. Mehmet hat Recht, die Hexen (Naturkräfte) warnen vor menschlicher Überheblichkeit.

Erlkönig

3. d, b, c, e, f, a, h, g
4. Weitere offene Fragen: Ist der Erlkönig real oder nur eingebildet? Woran leidet der Junge? Woher kommen sie?

6 Lösungsvorschläge

4 Schräges und Schockierendes

Kannibalenballade

4. Sämtliche Touristen haben körperliche Defekte und sind daher „ungenießbar".
5. Der Infotext ist eine Richtigstellung, weil in der Ballade ein klischeehafter Eindruck vom Leben der Kannibalen vermittelt wird.
6. Der Autor macht sich über Zustand und Lebensgewohnheiten der Touristen lustig.
8. Übertreibungen: fettes Touristengrüppchen (2. Strophe, Vers 6)
   Verniedlichungen: leckere Häppchen; fettes Touristengrüppchen (2. Strophe, Vers 5); Papi knackt Reisebus (2. Strophe, Vers 7); Tui-Süppchen (2. Strophe, Vers 8)
   Umgangssprache: Touris aus Deutschland (3. Strophe, Vers 5); nix zu schmoren (4. Strophe, Vers 1); übelste Trinker (4. Strophe, Vers 6)
   Ungewöhnliche Ausdrücke: Menschenfleischsuppe (4. Strophe, Vers 8)
9. Die Pointe besteht in der Anspielung auf Tarzan, der hier kein Held mehr ist, sondern wohl Opfer der Kannibalen wurde.

Fleckenballade

3. … dann zählt für uns **nur die Marke**.
6. Lisa deutet den Fleck um. Sie macht daraus ein Merkmal einer besonderen Marke.

Der Blusenkauf

3. Der Text ist witzig, mehrstrophig, leicht und ungezwungen.
5. Sie vergisst ihren wartenden Mann und interessiert sich nur für Kleidung.
6. Das Verhalten der Frau wird stark übertrieben dargestellt, ist voller Komik.

5 Helden

Happy End für Ben

1. Blusenkauf: Blusenknopf; Ribbeck: Grabstein, Hausschlappen; Kannibalenballade: Afrika-Reiseprospekt, Rollator; Handschuh: Löwensenf; Brück' am Tay: Christbaumkugel; Flecken-Ballade: Pommesgabel; Junge Liebe: Streichhölzer; Bürgschaft: Seil, Zeugnistag: Füller.

Die Bürgschaft

1. Bedingungslose Treue und Vertrauen zwischen Hauptfigur Damon und dem Freund. Hass zwischen Damon und dem Feind (Tyrann), später dann Einsicht des Tyrannen und Bitte, in den Bund aufgenommen zu werden.
2. Bürge: Freund; Schuldner: Damon; Gläubiger: Tyrann
3. Handlungsverlauf: 1–3: Das versuchte Attentat; 4–5: Bürgschaft des Freundes, Verheiratung der Schwester; 6–9: Rückweg, Überquerung des reißenden Stromes; 10 – 11: Sieg gegen die Räuberbande; 12–13: Gefahr des Verdurstens, Entdeckung der Quelle; 14–15: Die Worte der Wanderer, vermuteter Tod des Freundes; 16–17: Fortsetzung des Weges trotz Warnung durch Philostratus ; 18–20: Rückkehr, Rettung des Freundes, Bitte des Königs
4. Der König lächelt „mit arger List", weil er annimmt, dass Damon die Gelegenheit zur Flucht nutzen werde und er ihm damit einen Konflikt (Treue zum Freund/Rettung) aufzwingt. Der treue Freund „umarmt ihn schweigend", es ist für ihn eine Selbstverständlichkeit, hier zu bürgen, das bedarf keiner Worte. Damon möchte mit seinem Opfer Einsicht beim Tyrannen bewirken.
5. Der „eigentliche Held" ist vielleicht der Freund, denn Damon bringt ihn eher leichtfertig in Gefahr, verlangt zu viel von ihm.
6. Zu den märchenhaften Elementen gehören die Rettungen Damons aus den Gefahren auf dem Rückweg, zudem die plötzliche Einsicht und Umkehr des Tyrannen.
8. Die Ballade ist so umfangreich, weil sie die persönliche Notsituation anschaulich darlegen möchte. Hier finden sich zahlreiche Spannungsmomente.

6 Lösungsvorschläge

5 Helden

Zeugnistag

1. Paul hat ein geringes Selbstwertgefühl, betrachtet sich als Schulversager.
4. Der Erzähler urteilt sehr negativ über die Schule, hält sie für ungeeignet, kindliche Persönlichkeit zu entwickeln.
6. Der Direktor ist autoritär, aufbrausend, unbeherrscht, selbstgerecht, hat sadistische Züge, denn er genießt die Szene.
7. Pauls Eltern nehmen diese Haltung des Direktors wahr und wollen ihr Kind dagegen in Schutz nehmen.
8. Der Erzähler idealisiert schließlich seine Eltern, wünscht solche Personen allen Kindern, sieht in ihnen Vorbilder.
9. Die Eltern hätten die Wahrheit sagen, aber trotzdem ihren Sohn gegen das vermeintlich unmenschliche System Schule in Schutz nehmen können.

Bildquellen

Seite 45: wikimedia.org

Seite 46: goethezeitportal.de

Illustrationen: Linda und Sonja Schultz

Textquellen

Fontane, Th., Herr von Ribbeck auf Ribbeck im Havelland: Ders., Das ist das höchste Gück. Gedichte und Balladen. Wiesbaden 2014.

Droste-Hülshoff, A.v., Junge Liebe: Gedichte von Annette Freiin von Droste Hülshof. Stuttgart und Tübingen: J.G. Cotta'scher Verlag 1844.

Gumppenberg,H.v., Sommermädchenküssetauschelächelbeichte: Waller,K.,Hrsg., Das große Buch des Lachens. Reinbek 1990. S.74.

Schiller, F., Der Handschuh: Sämtliche Werke,Bd.1.Hrsg.v.G.Fricke u.H.G. Göpfert. Hanser Verlag. München 5.Auflage 1973.

Ernst, O., Hartnäckige Liebe: Zit. n. http://gutenberg.spiegel.de/buch/4736/14

Fontane, Th., Die Brück am Tay: Ders., Das ist das höchste Gück. Gedichte und Balladen. Wiesbaden 2014.

Goethe, J.W.v., Erlkönig: Zit.n. http://de.wikisource.org/wiki/Erlk%C3%B6nig

Reuter,O. Der Blusenkauf: In Waller, K., Hrsg., Das große Buch des Lachens. Reinbek 1990. S.146.

Schiller, F., Der Handschuh: Sämtliche Werke, Bd.1. Hrsg. v.G.Fricke u.H.G. Göpfert. Hanser Verlag. München 5. Auflage 1973.

R. Mey, Zeugnistag: Mit freundlicher Genehmigung der edition reinhard mey GmbH